AF600975

LETTRE
D'UN PROFESSEUR DE DOUAY A UN PROFESSEUR DE LOUVAIN

SUR

LE DICTIONNAIRE HISTORIQUE-PORTATIF DE M. L'ABBÉ LADVOCAT,

Docteur & Bibliothécaire de Sorbonne.

A DOUAY,

Chez JACQUES-FRANÇOIS SWERTS, rue des Ecoles.

M. DCC. LXII.

LETTRE D'UN PROFESSEUR DE DOUAY A UN PROFESSEUR DE LOUVAIN SUR LE DICTIONNAIRE HISTORIQUE-PORTATIF DE M. L'ABBÉ LADVOCAT,

Edition de 1760.

VOUS avez apris, Monsieur, que j'ai fait quelques Remarques sur le Dictionnaire Historique de M. l'Abbé Ladvocat. Vous exigez que je vous les communique : je ne vous les refuse point, parce que je sçais que vous estimez infiniment l'illustre Bibliothécaire de Sorbonne. Je les refuserois à tout autre. Je suis persuadé comme vous que le Dictionnaire Historique seroit excellent si l'Auteur eût voulu y donner plus de tems & de soins qu'il n'y en a donné, de son propre aveu. *Nous n'avons fait cet Ouvrage*, dit-il page ix de sa Préface, *que dans nos tems d'amusemens & dans les courts intervalles que nous laissent des études sérieuses & des occupations importantes.* Et page xij. *Il est constant que j'ai composé ce petit Ouvrage à la Campagne pendant les Vacances & par maniere de délassement, & dans l'unique dessein de donner aux jeu-*

liens du deuxieme Article ne sont pas assez difficiles à entendre pour qu'on n'en reconnut pas l'identité.

BAVERE (*Jean Guill.*) *Peintre, mourut en 1640.*
BAUR (*Guillaume*) *Peintre, mourut en 1640.*
WIRLEM-BAUR, *Peintre, mort en 1640, selon le Dictionnaire des Beaux-Arts.*

C'est assurément le même, & voilà trois Peintres, trois Articles pour un. Baur (Guill.) & Wirlem-Baur sont dans le Dictionnaire des Beaux-Arts. M. Ladvocat a copié ce Dictionnaire & celui de Moreri sans examen. Bavere est un nom défiguré, fondé seulement sur une faute d'impression dans le lieu où il a été pris.

BORDONE (*Paris*) *Peintre.*
BORDUNI (*Paris*) *Peintre.*

C'est assurément le même, & ce qu'il y a de singulier, c'est que les deux Articles se suivent, sans qu'on ait reconnu l'Identité : preuve évidente de précipitation.

BRIEUX (*Jacques Mosant de*) *Poëte Latin.*
MOISANT (*Jacques*) *Sieur de Brieux, Poëte Latin.*

C'est le même. On a pris le premier article dans Moreri, & le second dans le Dictionnaire des Beaux-Arts.

C

CALVACANTE, *Auteur Italien.*
CAVALCANTI (*Guido*) Dans cet Article est inséré celui de Barthelemi Cavalcanti qui est le même que le prétendu Calvacante, qu'il faut supprimer comme un nom estropié.

CEBARES, *nom de cet Ecuyer qui fit hennir le cheval de Darius & lui procura le trône de Perse.*
ŒBARE, *est le nom de cet Ecuyer par l'adresse duquel Darius devint Roi de Perse.*

C'est assurément le même. L'Article Cebares n'est fondé que sur une faute d'impression. Un Imprimeur a changé l'Œ en CE, & voilà un CEBARES inconnu à toute l'antiquité, donné par Moreri, & rendu par ses serviles Copistes. L'Article CRESIBIUS dans M. Ladvocat est encore de même nature.

CLARENDON, *célebre Historien Anglois... On trouve ses périodes trop longues & ses parentheses trop fréquentes.*
HYDE (*Edouard*) *Comte de Clarendon & Lord-Chancelier d'Angleterre... Son Histoire est fort estimée.*

C'est le même. Il est clair par le premier Article que M. Ladvocat a ignoré que Clarendon est Edouard Hyde.

CRESIBIUS, *Mathématicien, a perfectionné l'Hydraulique.*
CTESIBIUS, *Mathématicien, inventa le premier les Orgues Hydrauliques.*

C'est le même, & ces deux Articles figurent avec les deux de CEBARES & ŒBARE. Un T pris pour une R a donné la naissance à ce Cresibius, Mathématicien imaginaire.

CRUX (*Le Marquis de Sancta*) *M. de Vergi l'a fidellement traduit.*
SANTA CRUX (*Marquis de*) *M. de Vergi en a entrepris une traduction.*

C'est le même.

D

{ DENORES (*Jason*) *mourut en* 1590.
NORES (*Jason de*) *mourut en* 1590.

C'est le même.

{ DUJARDIN (*Karel*) *Peintre*, *mort en* 1678.
JARDIN (*Karel du*) *Peintre*, *mort en* 1678.

C'est le même, en joignant les *de*, *du*, *des* au nom dans un endroit, & en les séparant dans un autre, on multiplie aisément les Articles.

G

{ GARNIER (*Robert*) *Poëte François*, *mourut vers* 1602.
GARNIER (*Robert*) *Poëte François*, *mourut en* 1590.

C'est le même qui mourut en 1590. Ce qu'il y a de surprenant c'est que les deux Articles sont dans la même page & dans la même colonne. On ne peut pas les lire sans reconnoître l'identité; comment a-t-on pû les écrire?

{ GAUDIMELE (*N*) *excellent Musicien.*
GOUDIMEL (*Claude*) *excellent Musicien.*

C'est le même qui s'apelloit Goudimel. Une faute d'impression dans quelque Dictionnaire a opéré ici cette multiplication.

{ GOMEZ PEREIRA (*Georges*) *passe pour avoir enseigné le premier que les bêtes sont de pures machines.*
PEREIRA (*Gomez*) *C'est lui qui enseigna le premier que les bêtes sont de pures machines.*

C'est le même auquel on donne mal à propos dans le premier Article le nom de Georges; il y a encore quelques petites contradictions entre les deux Articles.

{ GUSTAVE WASA, *Roi de Suede.*
WAZA (*Gustave*) *fameux Roi de Suede.*

C'est le même, & il est bien étonnant que M. Ladvocat ait oublié au mot Waza qu'il avoit déjà donné un Article de ce *fameux Roi* au mot Gustave.

H

{ HERVÉ *le Breton*, *mourut en* 1323.
NATALIS (*Hervé*) *de Bretagne mourut en* 1323.

C'est le même. M. Ladvocat n'a point reconnu *Hervé le Breton* dans *Natalis Hervé de Bretagne.*

L

{ LATINUS PACATUS DREPANIUS, *Opérateur Latin*, lisez, *Orateur.*
PACAT *ou* PACATUS, *Orateur Gaulois.*

C'est le même qui prononça en 391, & non pas *en* 389, comme il est dit dans le deuxieme Article, le panégyrique de Theodose.

{ LEONICUS (*Nicolas*) *mourut en* 1531.
THOMÆUS (*Nicolas Leonic*) *mourut en* 1531.

C'est le même, & on se trompe dans les deux Articles sur l'année de sa mort arrivée en 1533.

LUCA SIGNORELLI, *mourut en 1521.*
SIGNORELLI (*Luca*) *mort en 1521.*

C'est le même. Ne devoit-on pas s'apercevoir que *Luca* est le nom de baptême de Signorelli, comme *Natalis* ci-dessus qu'on devoit traduire par Noel, est le nom de baptême d'*Hervé le Breton?*

M

MADELEINE, *s'est distingué dans la gravure.*
PAS (*Crispin, Magdeleine & Barbe de*) *se sont distingués dans la gravure.*

Magdeleine de Pas & le Madeleine de M. Ladvocat sont la même. Il a métamorphosé une fille en homme. Il dit que *Madeleine a donné de fort beaux morceaux d'après Adam Elsheimer.* C'est justement ce qu'a fait Magdeleine de Pas. Il est surprenant que M. Ladvocat qui aime à parler des Peintres & des Graveurs ne sache point cela.

MAURUS TERENTIANUS, *est Auteur d'un petit Ouvrage en vers latins... Il ne nous reste qu'une partie de cet Ouvrage.*
TERENTIANUS MAURUS, *est Auteur d'une piece en vers Latins qui est parvenue jusqu'à nous.*

C'est le même, & nous avons l'Ouvrage entier de Terentianus Maurus, malgré ce que M. Ladvocat dit dans le premier Article.

MENARDIERE (*Hippolyte Jules de*) mourut vers 1663.
MESNARDIERE (*Hippolyte Jules Pillet de la*) *mourut en 1663.*

C'est le même.

MONTAN (*Jean-Bap.*) *très-célebre Médecin, mourut en 1551.*
MONTANUS (*Jean-Bap.*) *célebre Médecin, mourut en 1551.*

C'est le même & les deux Articles sont dans la même page. Montanus ne gagne rien au deuxieme Article. Au lieu d'avancer il recule. De *très-célebre*, il est devenu seulement *célebre.* En donnant ainsi les noms suivant la terminaison françoise & la terminaison latine, on peut faire un gros volume.

T

TELESIUS (*Bernardin*) *mourut en 1588 à 80 ans.*
TILESIO (*Bernardin*) *mourut en 1588 à 79 ans.*

C'est le même qui, dit le P. Niceron, est mal apellé Tilesio par quelques Auteurs.

THORNILL (*Jacques*) *célebre Peintre Anglois.*
TORNHILL (*le Chevalier Thomas*) *célebre Peintre Anglois.*

C'est le même.

V

VENIUS (*Otto*) *né en 1556, mourut en 1634.*
VENIUS (*Othon*) *naquit en 1556, mourut en 1622.*

C'est le même qui mourut en 1634, & non en 1622. On a pris le premier Article dans le Dictionnaire des Beaux-Arts, & le deuxieme dans le Moreri.

VOUWERMANS (*Philippe*) *excellent Peintre, sur-tout pour les paysages, mort vers* 1670.

WAUVERMANS (*Philippe*) *a sur-tout excellé dans les paysages, mourut en* 1668.

C'est le même. Le premier Article est tiré du Moreri, & le deuxieme du Dictionnaire des Beaux-Arts. En prenant ainsi dans différens Dictionnaires on ne manque point de multiplier les Articles. J'en ai remarqué 35 dans le Dictionnaire de M. Ladvocat qu'il faudra supprimer. Il y en a peut-être d'autres que je n'ai point vus. Il y en a 37 ou 38 dans le seul premier volume de l'Encyclopédie qui contient la lettre A, & 150 ou 152 sous la seule lettre A du Moreri, édition de 1759. C'est ce qui sera démontré dans un autre Ouvrage.

Si M. Ladvocat d'un seul homme en a fait plusieurs; d'un autre côté de plusieurs il n'en a fait qu'un. Il confond dans ANASTASE *Sinaite* deux Anastases; dans ANIEN, *Jurisconsulte* deux Aniens; dans ANTIPHILE, *Peintre* deux Antiphiles; dans CHERILE deux ou trois Cheriles. Il en est de même de CRATERUS, de GODEFROI, de SCIPION NASICA, & de plusieurs individus auxquels M. Ladvocat attribue ce qui ne convient qu'à d'autres personnes du même nom.

ARTICLES INUTILES.

JE mets au nombre des Articles inutiles.

1°. Tous les Articles multipliés mal à propos dont j'ai parlé ci-dessus; il faudra les supprimer & les remplacer par des Articles qu'on cherche dans le Dictionnaire, & qu'on n'y trouve point.

2°. Un assez grand nombre d'Articles donnés libéralement à des personnages très-peu connus & qui ne méritent point de l'être. Combien de Docteurs, de Professeurs, de Peintres, de Graveurs, &c. ne méritoient point les places qu'ils occupent? M. Ladvocat a cru enrichir son Dictionnaire, & il l'a apauvri en y fourrant des Articles du Moreri tirés de la Biblioth. Orient. de d'Herbelot. De pretendus Héros ou Philosophes Arabes & Persans y debitent des Sentences plates, froides & triviales qu'on voudroit nous faire admirer. Je ne citerai que l'Article ASFENDIAR, *l'un des Héros de la Perse. On raporte de lui*, dit M. Ladvocat, *cette maxime militaire : Si vous voulez être obéi par vos Soldats ne leur commandez que des choses possibles.* N'a-t-on pas dit cela cent mille fois avant Asfendiar? Xenophon n'a-t-il pas dit avant lui : „ Commencez par montrer à vos Soldats „ que vous pouvez exécuter mieux „ qu'eux ce que vous leur commandez?

3°. Beaucoup d'Articles où l'on donne sechement des noms sans faire connoître de quel siecle, de quelle nation, de quelle profession étoient les personnes qu'on nomme. De quelle utilité peuvent être les Articles ALBERTI, *Auteur du Porta Linguæ Sanctæ*, AUZOUT, BOLINGBROKE, COLLIN, COMTE, DAMPIERRE, GOR-

RÉE, PONTHIEU, THEODON, & plusieurs autres ? Ces Articles sont trop courts, il faut les allonger, quantité d'autres sont trop longs, il faut les abreger.

ARTICLES HORS DE PLACE.

M. LADVOCAT a défiguré quantité de noms, & en plaçant ses Personnages sous ces noms défigurés, ils se trouvent hors de place dans l'ordre alphabétique du Dictionnaire. Ainsi BODORI qui s'apelloit Baudori, BOOTE qui s'apelloit Boate, CHANTEMERLE qui s'apelloit Le Bourgeois, GORRÉE qui s'apelloit Gohorri, LASCENA qui s'apelloit La Seine, VECCHIETT qui s'apelloit Vecchietti, & plusieurs autres n'occupent point la place qui leur convient & où on les cherche. Je ne donnerai pas ici la liste des autres noms défigurés dans les nombreux Articles du Dictionnaire. Elle seroit trop longue; j'en citerai seulement quelques-uns. On lit au mot AMPHITRYON *Cornetho* au lieu de Cometho ; au mot ANDERSON, *l'Abbé Ragnal* au lieu de Raynal; au mot ARÉTHUSE, *Coris* au lieu de Doris ; au mot AYMON, *Renaudet* au lieu de Renaudot; au mot BOECLER, *Commentationes Plantanæ* au lieu de *Plinianæ*, &c. M. Ladvocat donne un Art. d'AGORACITE, c'est une faute ; ce Sculpteur s'apelloit Agoracrite, & c'est ainsi que M. Ladvocat lui-même écrit au mot ALCAMÈNE, mais il donne à la tête de son second volume un *Errata* pour le premier, où il dit : *Alcamene ... l'emporta sur Agoracrite.* lisez par-tout *Agoracite.* C'est-à-dire qu'il veut qu'on lise par-tout un nom défiguré. L'*Errata* du Dictionnaire portatif devroit être beaucoup plus ample. Quelquefois M. Ladvocat place sous des noms differemment ortographiés des personnes du même nom. Au mot ALBERMARLE il renvoie à MONCK, & à l'Article Monk il écrit Albemarle. Il y a plus, il avoit déjà donné au mot Albemarle un Article où il s'agit de Keppel; pourquoi placet'il plutôt Keppel que Monck au mot Albemarle ? Pourquoi écritil différemment le nom du même Duché possédé successivement par différentes personnes ? C'est le défaut de tous les Dictionnaires. Les Auteurs de ces Ouvrages, au lieu d'aplanir les difficultés en écrivant d'une maniere uniforme les noms propres, y mettent tant de confusion que le Lecteur n'y connoit plus rien. Il ne sçait plus si c'est le même nom, la même personne, la même ville, le même pays, & très-souvent les Ecrivains ne le savent pas eux-mêmes.

ARTICLES OMIS.

COmme M. Ladvocat a placé dans son Dictionnaire beaucoup de Personnages qu'on est surpris d'y trouver, il en a omis beaucoup d'autres qu'on y cherche en vain. En tirant presque tous ses Articles du Moreri, il a sans doute eu dessein d'en tirer les plus intéressans, mais a-t-il toujours bien choisi ? Quelques Auteurs qu'il passe sous silence ne valentils pas mieux que plusieurs autres dont il parle avec éloge ? M. Ladvocat ne donne pas même ce qu'il promet. Il nous dit au mot FERUS (*Jean*) *Voy.* SAUVAGE.

On le cherche & on ne le trouve point; il a été oublié. Ce ne sera pas une perte pour ceux qui auront recours à l'Article PERUS du Dictionnaire de Bayle.

FAUTES SUR LA CHRONOLOGIE.

La Chronologie du Dictionnaire de M. Ladvocat, comme celle de tous les Dictionnaires Historiques, est souvent défectueuse pour les tems qui ont précédé la naissance de J. C. On suit dans différens Articles différens Ecrivains qui n'avoient pas adopté le même systême: c'est ce qui renverse l'ordre & l'harmonie. Je n'ai pas intention de relever toutes les fautes en ce genre. Les Lecteurs consulteront le *Rationarium Temporum* du P. Petau ou les Annales d'Usserius, & s'en tiendront constamment à l'un de ces deux Ouvrages, les meilleurs que nous ayons sur le systême commun.

A

AARON *ben Aser.... Rabin célebre au cinquieme siecle.* Il vivoit dans le onzieme. Voyez Basnage, Hist. des Juifs. M. Ladvocat est tombé dans la même erreur à l'Art. JACOB *ben Nephtali.*

ABULFEDA, *mourut en* 1332. Il mourut en 1345.

ACCIAOLI (*Donat*) *mourut en* 1473 *à* 39 *ans.* Il mourut en 1478 à 50 ans.

ACCIUS, *Poëte du seizieme siecle.* Il vivoit dans le treizieme & il s'apelloit Accius Zucchus.

ACCURSE, *célebre Jurisconsulte, mourut en* 1229. Il mourut vers 1245.

AGIS IV. *fut étranglé vers* 280. Il falloit dire 241.

ALEXANDRE, *Empereur Romain, succéda à Heliogabale en* 208. Il lui succéda en 222.

ALFONSE V. *Roi de Portugal, prit.... Alcazar Ceguer en* 1471. Il prit cette Ville en 1458.

ANEAU, *fut principal du College de la Trinité à Lyon en* 1564. Il y avoit alors trois ans qu'il étoit mort, car il fut tué en 1561.

APHTONE, *Rhéteur au onzieme siecle.* On le place ordinairement au deuxieme ou au troisieme; il est très-certain qu'il vivoit avant le neuvieme, puisque Photius en parle.

APIS, *Roi d'Argos, régna vers* 2077 *avant J. C.* & au mot INACHUS: *premier Roi des Argiens vers* 1858 *avant J. C.* Il résulte de ces dates qu'Apis, troisieme Roi d'Argos, auroit régné environ 200 ans avant Inachus, qui en fut incontestablement le premier Roi. „ Ces variations, „ dit M. Bayle, brouillent la tête „ aux Lecteurs & devroient les „ dégoûter de l'étude d'un Dic„ tionnaire.

ARC (*Jeanne d'*) *les Anglois la firent brûler à Rouen en* 1430. Cette date se trouve plusieurs fois dans M. Ladvocat. Il devoit pourtant dire 1431.

ARETAS, *Evêque de Césarée en Cappadoce au sixieme siecle.* Il vivoit dans le dixieme.

ARGOLI (*André*) *mourut en* 1553. Il mourut en 1657.

ASA, *Roi de Juda, mourut* 917 *ans avant J. C.* mais M. Ladvocat dit au mot JOSAPHAT, *qu'il succéda à son pere Asa* 914 *ans avant J. C.* Suivant ces dates il y auroit eu trois ans d'interregne. Il n'y en eut pourtant point.

ASTIANAX, *fils unique d'Hector.... Après la prise de Troyes il fut précipité du haut des murailles, environ* 1240 *ans avant J. C.* Et au mot PRIAM, *les Grecs saccagerent Troyes vers 1184 ans avant J. C.* Ces dates s'accordent très-mal. M. Ladvocat écrit toujours le nom de la fameuse Troie comme on écrit celui de Troyes en Champagne.

C

CIACONIUS (*Alphonse*) *mourut en 1599.* Nicolas Antonio a prouvé qu'il vivoit & écrivoit encore en 1601.

CLAUDE II *surnommé le Gothique, après avoir signalé son courage sous Valerien & sous Julien fut déclaré Empereur après la mort de ce dernier.* Il y a ici un Anachronisme de 100 ans, car Julien ne régna qu'un siecle après Claude qui fut Empereur après Gallien.

E

ERKIVIN *fut l'Architecte de la fameuse Tour de Strasbourg, & l'acheva en 1446.* Erwin & non pas Erkivin, mourut en 1305, & il n'acheva pas la Tour de Strasbourg 141 an après sa mort. Elle fut achevée en 1449 par un Architecte de Suabe.

EURIPIDE *naquit vers 480 av. J. C. mourut à 75 ans vers 405 avant J. C.* Il naquit 486 ans avant J. C. & mourut à 79 ans, 407 ans avant J. C. Cela est certain par les marbres d'Arondel.

G

GEORGE *de Trebisonde mourut vers 1480.* Il mourut en 1486. Il étoit aisé de savoir cette date précise. M. Ladvocat donne souvent des Epoques vagues ou n'en donne point du tout lorsqu'il pouvoit faire autrement.

GILDAS *mourut en 565.* Il falloit dire en 570. *Il reste de lui deux discours sur la ruine de la Grande-Bretagne.* Il n'en reste qu'un, & il n'est pas certain qu'il soit de Gildas.

GRAVIUS (*Henri*) *fut apellé à Rome par le Pape Sixte V qui lui confia le soin de la Bibliotheque du Vatican.* Sixte V. étoit mort avant que Gravius arrivât à Rome; il ne lui confia rien.

GUILLAUME *de Mamelsbury*, lisez Malmesbury. *Henri Savil fit imprimer ses Ouvrages en 1506*, lisez en 1596.

GUIMOND *devint Evêque d'Averse en 1080.* Il falloit dire en 1060, & cet Article est mal placé.

H

HARPALUS. *Dès que Philippe fut mort, Alexandre rapella Harpalus & lui donna le Gouvernement de Babylone.* M. Ladvocat confond les tems, car Alexandre n'étoit pas maître de Babylone lorsque son pere mourut, & il ne pouvoit pas en donner le Gouvernement à Harpalus.

HERESBACH. *On a de lui la prise de Munster par les Anabaptistes en 1536.* Cette date tirée du Moreri n'est pas bonne, car Munster fut pris par les Anabaptistes en 1534. M. Ladvocat n'a pas lu le titre du Livre d'Heresbach dont il parle.

HIRAM, *Roi de Tyr... Il régna 60 ans, laissant Balatorus son fils pour lui succéder.* Il y a ici un Anachronisme de plus de cinq siecles. Balatorus ne régna que 550 ans après Hiram dont il n'étoit certainement pas fils. Le fils & successeur d'Hiram s'apelle Baleazar.

J

JEAN DE LEIDEN... *se joignit en 1554 à Matthieu Boulanger.... Ils se rendirent maîtres de Munster.. L'Evêque de Munster ayant repris cette Ville en 1555.* M. Ladvocat revoir dire que Munster fut pris en 1534 & repris en 1535.

INACHUS, *premier Roi des Argiens dans le Péloponese, vers 1858 avant J. C.* Mais au mot CECROPS, M. Ladvocat dit que *ce Roi des Atheniens civilisa les Peuples de l'Attique vers 1558 avant J. C.* Il y a certainement erreur de 100 ans, car il est incontestable par Censorin & Denis d'Halicarnasse qu'il s'est écoulé 400 ans depuis Inachus jusqu'à Cecrops. C'est ce que M. Boivin l'ainé a démontré dans les Mémoires de l'Académie des Inscriptions.

JONCOUX *(Françoise) née en 1568.* lisez en 1668.

JULIE, *fille de Cesar... morte un peu avant l'ere Chrétienne.* Cela est d'autant moins exact que M. Ladvocat dira dans l'Article suivant que Julie, *fille d'Auguste, mourut 41 an avant J. C.* Julie, fille de Jules-César mourut 53 ans avant J. C. 12 ans avant Julie fille d'Auguste.

K

KEN *naquit en 1647.* Il naquit en 1637. *Il assista Charles II à la mort.* Charles II ne voulut point être assisté par Ken. Il le fut par Hudleston Religieux Benedictin qui lui administra les Sacremens & qui a fait imprimer la relation de ce qui se passa en cette occasion. *Ken fut dépouillé de son Evêché sous la Reine Marie.* Pourquoi ne pas dire sous Guillaume III ?

L

LASSUS (*Orland*) *très-célebre Musicien natif de Mons, mourut en 1594 à 70 ans.* Roland Lassus naquit à Bergue & non à Mons. Il avoit 74 ans en 1594 étant né en 1520.

LAURE (*la belle*) *mourut le 4 Juin 1345 à 31 an.* Elle mourut le 6 Avril 1348 à 34 ans. Il y a d'autres fautes dans cet Article qu'il faudra corriger sur la vie de Petrarque, par M. le Baron de la Bastie dans le quinzieme vol. des Mem. de l'Ac. des Inscriptions.

LEYDECKER *naquit en 1652, mourut en 1721 à 78 ans.* Il n'en avoit que 69.

LONGUEIL *naquit en 1488, mourut en 1522 à 32 ans.* Il en avoit 34.

M

MATTHIEU *de Westminster, céleb. Religieux au quinzieme siecle.* C'est une faute; il est mort dans le quatorzieme. *Il est Auteur d'une Chronique jusqu'en 1377.* C'est une seconde faute tirée du Moreri : cette Chronique ne va que jusqu'en 1307.

MEMNON, *fils de Tithonus ayant mené des troupes au secours de Priam pour faire lever le siege de Troye par Achille. Anticle* (lisez Anticlide) *cité par Pline liv. 7. c. 58.* (lisez 56.) *dit que Memnon trouva l'invention des lettres 15 ans avant Phoronée Roi d'Argos, c'est-à-dire 1808 ans avant J. C.* Mais M. Ladvocat dit à l'Article PRIAM *que les Grecs saccagerent Troyes vers 1184 avant J. C.* Comment Memnon vivant 1808 ans avant J. C. aura-t-il mené des troupes à Priam vers 1184, c'est-à-dire plus de 600 ans après qu'il aura eu inventé les Lettres ? Il auroit vécu autant que Mathusalem. La Chronologie de M. Ladvocat tirée du Moreri pour les tems antérieurs à J. C. vaut souvent moins que rien, car il est plus avantageux de ne point avoir de dates que d'en avoir de fausses.

MERBES *mourut en 1604.* Il mourut en 1684.

O

OFFA, *Roi des Merciens, succéda à Ethelbad en 758.... mourut en 796 après un regne de 8 ans.* Il en avoit régné 38.

OSWALD (*Erasme*) *mourut en 1597 à 86 ans.* Il mourut en 1579 à 68 ans.

P

PALMIER (*Matthieu*) *il mourut en 1475.* Il falloit dire en 1478. *Matthias Palmier continua la Chronique jusqu'en 1489.* Il ne l'a continuée que jusqu'en 1481.

PIGHIUS. *Vinand Pighius son neveu fut Sécretaire du Cardinal Granvelle pendant 14 ans... il mourut à 18 ans.* Il en avoit 84.

PLATON, *ancien & célebre Poëte Grec, Contemporain d'Euripide & d'Aristophane, & plus ancien d'environ 30 ans que Platon le Philosophe, passe pour Chef de la moyenne Comédie.*

Ce Platon n'étoit Contemporain ni d'Euripide ni d'Aristophane, il vivoit long-tems après, & il n'est pas plus ancien d'environ 30 ans que Platon le Philosophe, puisqu'il est au contraire plus jeune d'environ 100 ans. Voy. Mem. de l'Acad. des Insc. Fabric. Bib. Gr. &c.

Q

QUIRINI (*Ange Marie*) *Cardinal. Il a composé la vie du Pape Paul III contre Platine.* Platine étoit mort 53 ans avant l'élection de Paul III. Quel raport peut avoir la vie de ce Pape à Platine ? M. Ladvocat a copié Moreri, & il le copie toujours jusqu'aux fautes d'impression. Le Moreri a mis dans l'Article QUIRINI, Paul III pour Paul II; dans l'Article CREON, *Agrie* pour Argie; dans l'Article SCIPION L'AFRICAIN, *Mardonius* pour Mandonius ; dans l'Article VAUMORIERE, *Agiagi* pour Agiatis. Toutes ces fautes & quantité d'autres ont été adoptées par M. Ladvocat.

R

RAGUENET *mourut à Paris vers 1720.* Il mourut en 1722. *On attribue à l'Abbé Raguenet les Voyages de Jacques Sadeur dans la découverte de la Terre Australe.* Ceux qui attribuent cet Ouvrage à l'Abbé Raguenet se trompent, car il n'est point de lui, mais de Gabriel Foigni, Cordelier défroqué.

RAMUS *naquit en 1515.* M. l'Abbé Joly a prouvé qu'il naquit vers 1502. M. Ladvocat pourra corriger d'autres fautes de cet Article sur celui de M. Joly dans ses Remarques sur Bayle.

S

SAINTEMARTHE (*Gaucher*) *habile Président, naquit en 1536, mourut en 1623 à 78 ans.* Il en avoit 87.

SERVIUS, *célebre Grammairien Latin dont nous avons d'excellens Commentaires sur Virgile, vivoit du quatrieme siecle sous l'Empire de Constantin & sous celui de Constance.* Servius ne vivoit pas sous Constantin & sous Constance, mais plutôt sous Arcadius & Honorius. V. Tillemont. Tous les Savans conviennent aussi que l'ouvrage de Servius sur Virgile est perdu, & que nous n'en avons plus que des extraits.

SIBERUS, *fameux Poëte Latin du quinzieme siecle.* Il falloit dire du seizieme, car il ne mourut qu'en 1583.

STELLA (*Jules César*) *Poëte Latin du dix-septieme siecle.* Il est du seizieme.

T

TABOUROT, *naquit en 1549, mourut en 1590 à 41 an.* Il naquit en 1547 & mourut en 1590 à 43 ans.

V

VERSOSA, *né en 1528, mourut en 1574 à 51 an.* Suivant ces dates il n'en avoit que 46.

VERUS (*Lucius*) *Empereur Romain. Il mourut en passant les Alpes en litiere l'an 166 de J. C.* Il mourut sur un lit dans la Ville d'Atino l'an 169 de J. C. V. Tillemont.

VESPASIEN, *naquit l'an 8 de J. C. mourut l'an 79 à 69 ans.* Si ces dates étoient bonnes, il en auroit eu 71.

Z

ZAMOLXIS, *Esclave & Disciple de Pithagore.* „ Je crois, „ dit Herodote liv. 4, que Zamol„ xis vivoit plusieurs années avant „ Pythagore. " Toutes les fausses dates qui se trouvent dans le Dictionnaire de M. Ladvocat ne me paroissent gueres propres à *donner aux jeunes gens une idée juste de l'histoire.* Qu'importe qu'elles viennent de l'Auteur ou de l'Imprimeur ; les jeunes gens ne sont pas plus en état de corriger le second que le premier.

FAUTES SUR LA GÉOGRAPHIE.

La Géographie n'est pas l'objet du Dictionnaire de M. Ladvocat ; mais cela ne le dispensoit pas d'être exact sur cette matiere. En copiant le Moreri, il devoit faire attention aux fautes Géographiques qui s'y trouvent. Personne n'est plus en état que lui de les corriger, s'il est vrai, comme la renommée le publie, qu'il a beaucoup de part à un Dictionnaire de Géographie moderne qui a déjà paru, & à un autre de Géographie ancienne qui doit bientôt paroître. J'attens moi-même ce dernier avec impatience, persuadé qu'on n'y trouvera point de fautes pareilles à celles que je vais citer.

A

ALYPE *d'Andrinople.* Il étoit d'Adrianople, petite Ville de Paphlagonie que M. Ladvocat confond mal à propos avec Andrinople, Ville célebre de la Thrace.

APIARIUS, *Prêtre de Nicée, Ville d'Afrique.* Il étoit Prêtre de l'Eglise de Sicca. Où M. Ladvocat a-t-il vu Nicée en Afrique ?

ARCHELAUS, *Evêque de Charres en Mésopotamie.* Il étoit Evêque de Cascara & non pas de Charres. Cascara étoit sous la Métropole d'Amide, & Charres sous la Métropole d'Edesse.

ARISTOTIME, *Tiran d'Epire.* C'est une erreur : il falloit dire de l'Elide.

B

BELLEROPHON, *fils de Glaucus, Roi d'Epire.* Glaucus n'étoit pas Roi d'Epire, mais d'Ephyre, c'est-à-dire de Corinthe.

C

CHATEL [*Pierre du*] *natif d'Archi en Bourgogne.* Il n'y a ni Ville, ni Bourg, ni Village de ce nom en Bourgogne. Il falloit dire d'Arc en Barrois.

CLEANTHE *étoit d'Asson dans l'Epire.* Il étoit d'Asson dans l'Eolide. L'Eolide est en Asie, & l'Epire en Europe. *On dit qu'il se laissa mourir de faim à 70 ans.* Lucien & Valere Maxime disent à 99.

D

DEDALE *se retira chez Cocale, Roi d'Egypte.* Il n'y a jamais eu de Cocale Roi d'Egypte. Cocale étoit Roi de Camique dans l'Isle de Sicile. Il y a une autre bévue dans cet Article. M. Ladvocat dit que *Cocale craignant que Minos ne portât la guerre dans ses Etats, fit suffoquer Dedale dans les étuves.* Ce fut Minos que Cocale fit suffoquer dans les étuves, & non pas Dédale ; & c'est Minos II qui *mourut en Sicile* & non pas Minos III comme le dit M. Ladvocat dans le défectueux Article de MINOS. Voy. Mem. de l'Acad. des Inscr.

G

GADDO (*Ange*) *étoit de Thaddée,* M. Ladvocat prend ici Thadée pour un nom de Ville, mais Thadée étoit le nom de Baptême de Gaddo.

GAFFAREL, *mort à Ségovie.* M. Ladvocat copie Moreri qui dit que Gaffarel mourut à Ségovie en Espagne, ce qui est faux. Il mourut à Sigonce, petit Village du Diocèse de Sisteron en Provence. *C'étoit*, dit M. Ladvocat, *un célèbre Docteur en Théologie & en Droit Canon.* C'étoit, dit M. le Clerc, un homme d'un très-petit jugement & entêté de mille fadaises.

GUEDIER DE SAINT AUBIN *eut l'Abbaye de saint Vulmer, Diocèse de Baione.* L'Abbaye de Saint Vulmer n'est pas du Diocèse de Baione, mais du Diocèse de Boulogne.

M

MAGELLAN. *Il alla jusqu'aux Isles de Los Ladrones, où il mourut de poison... D'autres disent qu'il périt dans un combat dans l'Isle de Maran.* Il est certain que Magellan fut assassiné dans l'Isle de Matan & non pas Maran, près de l'Isle de Cebu, l'une des Philippines, à plus de 400 lieues des Isles des Larrons.

MAIGROT *fut sacré Evêque de Coron*, & page xxxij de son Avertissement, M. Ladvocat reprend l'Auteur du Dictionnaire en 6 vol. d'avoir écrit *Conron*, *lisez*, dit-il, *Coron*. Il corrige une faute par une autre Maigrot étoit Evêque de Conon & non pas de *Coron*.

O

ŒNOMAUS *étoit fils de Mars & d'Elide.* Elide étoit une Ville dont Œnomaus étoit Roi. M. Ladvocat prend Elide pour la mere de ce Prince.

P

PRISCILLIEN.... *Ithace Evêque de Sossube en Espagne.* On ne connoît point cet Evêché. Il falloit dire Evêque d'Osma.

PRODICUS... *Natif de l'Isle de Cos, ou selon d'autres de Chio.* Ni de Cos ni de Chio, mais de l'Isle de Céa, différente de l'une & de l'autre. M. Ladvocat suit Moreri, & toujours il s'égare en le suivant.

PROTOGENE, *natif de Caune dans l'Isle de Rhodes.* La Ville de Caune n'étoit pas dans l'Isle de Rhodes, mais en Terre ferme, dans la Carie, Province de l'Asie mineure.

R

RUSBROCH, *Prieur des Chanoines Réguliers de Saint Augustin au Monastere de Valvert près de Bruxelles.* „ On ne connoit point, dit M. Bayle contre „ Moreri, de Monastere de Valvert au voisinage de Bruxelles ; „ celui dont Rusbroch fut Prieur, „ se nomme Groendal. *Il prit*, ajoute M. Ladvocat, *son nom du lieu*

Heu de sa naissance qui est un village sur la Sambre dans le Brabant. „ Il seroit fort difficile, „ dit encore M. Bayle, de trouver sur le rivage de la Sambre „ quelque Village qui apartienne „ au Brabant, mais en tout cas „ cela ne conviendroit point à la „ patrie de Rusbroch.

S

SELEUCUS I. *Il fut assassiné dans la Ville d'Argos.* Ce fut certainement bien loin de la Ville d'Argos, puisque ce fut auprès de Lysimachie dans la Thrace. M. Ladvocat confond un Autel nommé Argos, aux environs de Lysimachie, avec la Ville d'Argos dans le Peloponese. *Seleucus régna*, dit M. Ladvocat, 32 *ans & fit bâtir* 16 *Villes.* Il régna plus de 50 ans & fonda 59 Villes. V. Mem. de l'Acad. des Inscrip.

STENON (*Nicolas*) *Innocent XI le sacra Evêque de Titiopolis en Grece.* M. Ladvocat donne une grande étendue à la Grece, car Titiopolis est en Isaurie sous le Patriarchat d'Antioche.

T

THESPIS, *Poëte Tragique Grec, natif d'Icarie, Ville de l'Attique.* Il n'y a jamais eu de Ville d'Icarie dans l'Attique. M. Ladvocat auroit pu lire dans Giraldi : *Fuit Thespis ex Icario Atticâ, non urbe, sed populo Ægeidos Tribûs. Thespis donna aussi des Acteurs à la Satyre.* M. Ladvocat devoit s'exprimer plus clairement. Tout cet Article est à réformer.

TRAJAN, *Empereur Romain, étoit originaire d'Italie dans l'Andalousie.* Il falloit dire, de la Ville d'Italica... *Les Osdroeniens*, lisés, les Osrhoeniens.

VESAL (*André*) *fut jetté dans l'Isle de Zante où il mourut de faim & de misere dans les deserts de cette Isle.* Ne croiroit-on pas qu'il y a dans l'Isle de Zante d'aussi affreux deserts que dans l'Afrique? Cette Isle n'a pourtant que 6 lieues de longueur sur quatre de largeur, & il y a une Ville Episcopale, un Port fréquenté & 50 Villages. C'est dans l'un de ces Villages que Vesale mourut & non pas dans des deserts. Il n'avoit que 50 ans & non pas 58 comme le dit M. Ladvocat.

FAUTES SUR L'HISTOIRE.

L'Histoire a ses Loix, & on doit les observer dans un Dictionnaire Historique. Si M. l'Abbé Ladvocat y a manqué quelquefois, ce n'est assurément pas faute de les savoir. Il a trop négligé de consulter les Auteurs originaux, & il a suivi avec trop de confiance des Guides infideles, les continuateurs de Moreri. Je n'ai garde de confondre le Maître avec ses Disciples. Il ne pourroit voir sans indignation l'horrible fatras dont ils ont rempli les immenses volumes auxquels ils ont donné son nom. Les Articles que M. Ladvocat a pris la peine de composer sont plus exacts que ceux qu'il a copiés. C'est une justice que je lui rends avec plaisir, mais il s'est trop étendu sur certains personnages uniquement, parce qu'ils ne sont morts que depuis quelques années. M. Ladvocat écrit pour la postérité ; il devoit faire attention que ces sortes d'Articles auront perdu la grace de la nouveauté dans 50 ans, & qu'ils ne feront pas la même sensation qu'ils font aujourd'hui. Quelque valeur qu'il suppose au *célebre Ulysse Maximilien de* BROWN, il n'en avoit pas plus qu'ALEXANDRE & CESAR dont les Articles sont moins prolixes. GAULTIER dont il donne un Article plus long que ceux de CICERON & de VIRGILE est très-peu connu & le sera encore moins dans quelque tems, malgré le grand nombre de ses brochures.

A

ABDERAME I... *Aurelius l'un des Rois d'Espagne acheta de lui la paix, en payant un tribut annuel de 100 jeunes filles.* D'autres ont dit que ce fut Mauregat qui s'obligea à cet odieux tribut, mais c'est, dit Ferreras, une pure fable.

ACCO, *femme qui devint folle dans sa vieillesse, parce que s'étant regardée dans un miroir elle se trouva laide.* M. Ladvocat ne pourra jamais citer aucun bon garant de ce fait. V. Bayle.

ALEXANDRE, *Tyran de Pheres fut assassiné par sa femme, aidée de Tisiphon, Lycophron & Pitholaus freres de ce Tyran.* Moreri & le Traducteur de l'histoire de Grece par Stanyan disent la même chose, mais ils se trompent grossierement, car Tisiphon & les deux autres assassins étoient freres de la femme d'Alexandre & non pas d'Alexandre même.

ANASTASE *Sinaite, célebre Moine du Mont Sinai, fut élu Patriache d'Antioche en 561 & mourut le 21 Avril* 599. M. Basnage dans son Recueil de Canisius a démontré qu'Anastase le Synaite ne fut jamais Patriarche d'Antioche, qu'il fut Moine toute sa vie, & qu'il ne mourut qu'à la fin du septieme siecle.

AQUILA, *dit le Pontique. L'Empereur Adrien le fit Intendant de ses bâtimens & lui donna ordre de rebâtir Jerusalem.* Pure fable.

ARISTOTE, *selon Strabon, est le premier homme connu qui ait formé une Bibliotheque. Ce fut lui aussi qui engagea les Rois d'Egypte a former la Bibliotheque d'Alexandrie.* M. Bayle au mot TYRANNION a prouvé que tout cela est faux. En effet, on sçait les noms de ceux qui ont formé des Bibliotheques avant Aristote, & on sçait aussi qu'Aristote mourut deux ans après Alexandre le Grand, & qu'ainsi il n'a vu que le premier Roi d'Egypte. *Aristote fut si transporté d'amour pour sa femme, qu'il lui offrit des Sacrifices.* Fable. Il y a plusieurs autres fautes dans cet Article.

ATHENODORE *de Tarse alla à la Cour d'Auguste, qui le fit Précepteur de Tibere.* Il y a ici plus de fautes que de mots. Athenodore ne fut jamais Précepteur de Tibere, mais d'Auguste, avant que ce Prince eut une Cour, car ce fut du tems de Jules Cesar. Auguste donna à Claude & non pas à Tibere un Athenodore pour Précepteur, mais ce n'étoit pas Athenodore de Tarse. V. Mem. de l'Acad. des Inscr.

ATOSSE, *fille de Cyrus Roi de Perse... épousa Darius & fut mere d'Artabazane & de Xerxes.* C'est ce que dit le Moreri de 1759 copié par M. Ladvocat, mais Artabazane n'étoit point fils d'Atosse. Il étoit fils d'Amyse, fille de Gobrias dont Darius avoit eu trois enfans avant qu'il épousât Atosse. La principale raison pour laquelle on ajugea la Couronne à Xerxes, c'est qu'il étoit petit-fils du Grand Cyrus par sa mere Atosse, au lieu qu'Artabazane n'avoit pour mere que la fille d'un Seigneur Persan. M. Ladvocat suppose encore au mot XERXES I qu'Artabazane étoit fils d'Atosse.

B

BELLAY (*Joachim du*) *Poëte François, fut Chanoine & Archidiacre de Paris*. Joachim du Bellay n'a jamais été Archidiacre de Paris. C'est ce qui a été vérifié sur les Registres de Notre-Dame de Paris par M. Menage. *Il mourut en* 1560. Il mourut la nuit du premier Janvier 1559, encore vérifié par M. Ménage. *Après avoir été nommé à l'Archevêché de Bourdeaux*. Joachim du Bellay n'a jamais été nommé à l'Archevêché de Bourdeaux. On disoit seulement alors que le Cardinal du Bellay vouloit s'en démettre en sa faveur, ce qui est bien différent. *Ses Poësies ont été imprimées... Il y fait paroitre beaucoup d'esprit & de probité*. Commençons par *l'esprit*. Il y en a, à la vérité, dans la plupart des Poësies françoises de du Bellay, mais il n'y en a gueres dans ses Poësies latines qui ne valent rien. Où est cette *probité* que du Bellay *fait paroître dans ses Poësies*? Il a composé quantité de Pieces licencieuses & indécentes; il y célebre sa Maîtresse Viole sous le nom d'Olive qui est le nom retourné de Viole; il traite peu respectueusement des sujets qui méritoient sa vénération, &c. M. l'Abbé Goujet a donc dit avec plus de raison dans le douzieme vol. de sa Biblioth. Franc. ,, qu'il ,, eût été à souhaiter que du Bellay dans ses Poësies eût eu plus ,, d'égard à la décence & aux convenances de son état, & qu'il ,, eut mieux fait d'imiter les Anciens dans ce qu'ils ont de bon ,, & de sensé, que dans les libertés ,, qu'ils ont prises.

C

CONAN, *Prince, qu'on regarde comme le premier Roi de Bretagne... mourut en* 421. *Il fut enterré dans l'Eglise de S. Paul de Leon ou l'on voit son tombeau avec cette inscription : Hîc jacet Conanus Britonum Rex*. Pures fables. V. Vertot, Préface sur l'établissement des Bretons.

G

GODEAU, *Evêque de Grasse. Le Cardinal de Richelieu lui dit : vous m'avez donné Benedicite, & je vous donne Grasse*. C'est une fable. V. Remarques de M. l'Abbé Joly sur Bayle au mot BALZAC.

GRATIEN, *Empereur Romain. C'est le premier des Empereurs qui refusa le titre de Souverain Pontife, parce que c'étoit une dignité du Paganisme*. Cela n'est point exact, car à commencer par Constantin, les Empereurs Chrétiens ne prirent point le titre de Souverains Pontifes qu'ils n'empêchoient pas les autres de leur donner. ,, Toutes les Inscriptions où on le ,, leur donne, dit M. de Tillemont, ne prouvent point non ,, plus qu'ils l'agréassent, puisqu'on le donne de même à Gratien qu'on avoue l'avoir détesté. " Ce qu'il y a de vrai, c'est que depuis le sixieme Consulat de Constantin on ne trouve plus sur aucune Médaille le titre de *Pontifex Maximus*, pas même sur celles de Julien l'Apostat. M. Ladvocat dit que *Maxime défit Gratien à Paris par la trahison de Merabaud*. Il falloit dire Merobaud, & M. Ladvocat trouvera dans la note XXV de M. de Tillemont sur l'Empereur Gratien : ,, Que Merobaud n'a point trahi Gratien. C'est le titre de cette note.

H

HARPAGE... *Astyages fit servir à table à Harpage les chairs de son propre fils.* Pure fable. V. Mem. de l'Acad. des Inscriptions.

HOMERE... *On lui donne pour mere Critheis, & pour maitre Phemius, &c.* Pures fables tirées de de la vie d'Homere, attribuée à Herodote : ,, C'est, dit M. Pope, ,, la production d'un misérable ,, Grammairien, & ce qu'il y a ,, d'admirable c'est que dans cette ,, vie on place Homere 622 ans ,, avant l'expédition de Xerxes, ,, tandis qu'Herodote lui-même ,, qui vivoit dans le tems de cette ,, expédition assure qu'Homere ,, vivoit 400 ans avant lui. Les dates données sur Homere par M. Ladvocat s'accordent avec l'ouvrage attribué à Herodote, mais elles ne s'accordent pas avec l'ouvrage incontestable de cet Historien.

L

LAUNOY (*Matthieu de*) *Il fut pendu en effigie à Paris pour un crime scandaleux.* Fable. *Il obtint la Cure de saint Mery à Paris*; autre fable. Jamais Launoy n'a été Curé de saint Mery. Voy. les Remarques de M. l'Abbé Joly sur Bayle.

M

MACEDO (*François*) *soutint pendant huit jours des Theses sur toutes sortes de matieres, & répondit sur le champ en vers latins aux questions qu'on lui proposoit.* Pure fable, car c'est ce que Virgile n'auroit ni pu ni voulu faire, & Macedo étoit un très-mauvais Poëte.

MAFFÉE. (*Jean Pierre*) *on dit qu'il aimoit tellement la belle latinité que, de peur de l'altérer, il demanda au Pape la permission de dire son Breviaire en Grec.* ,, C'est, ,, dit M. l'Abbé Joly, une fable ,, destituée de toute vraisemblance.

MARGUERITE DE VALOIS, *professa quelque tems la Religion Protestante, & son livre intitulé le Miroir de l'ame péchéresse où elle favorise cette Religion, fut censuré par la Sorbonne.* M. l'Abbé Joly dans son Article NAVARRE prétend que tout cela est faux, & nous en croirons M. Joly jusqu'à ce que M. Ladvocat nous ait produit cette censure de Sorbonne.

MENTOR, *Roi de Pyle & l'un des Princes Grecs qui allerent au Siege de Troye, est célebre dans Homere par son grand age. Il est le même que Nestor.* Que d'absurdités ! Mentor n'étoit point Roi de Pyle, il n'alla point au siege de Troie, il n'est point célebre dans Homere par son grand âge, il n'est point le même que Nestor. ,, Mentor étoit, dit Homere, ,, un des plus fideles amis d'U-,, lysse, & celui à qui, en s'em-,, barquant pour Troie, il avoit ,, confié le soin de toute sa mai-,, son, afin qu'il la conduisît sous ,, les ordres du bon Laerte.... Odyss. l. 2.

MERIONES, *frere de Dictys de Crete, mena 20 vaisseaux à la guerre de Troye.* 1°. On écrit en François Merion. 2°. Merion n'étoit point frere de Dictys de Crete. 3°. Comment M. Ladvocat sçait-il que Merion ne menoit que 20 vaisseaux à la guerre de Troie ? ,, Ceux de Crete, dit Homere, ,, Iliade l. 2, suivoient le vaillant ,, Idoménée & Merion, sembla-,, ble à l'homicide Mars ; ils ,, avoient tous deux quatre-vingts ,, vaisseaux.

METIUS SUFFETIUS... *Tullus Hostilius fit attacher Metius entre deux chariots & le fit tirer par deux puissans chevaux.* Il en falloit mettre quatre au moins ; Messieurs Rollin, des Fontaines, &c. en mettent huit.

MURET *fut professeur de troisieme au College du Cardinal le Moine, dans le même tems que Turnebe y professoit la Rhétorique & Buchanan la seconde.* C'est une fable. Voy. Bayle sur Buchanan, & Niceron sur Muret.

P

PEROT (*Nicolas*) *Il fit manquer à Bessarion la Papauté.* Pure fable, & tout ce que M. Ladvocat ajoute sur ce sujet, ornemens de la fable.

POLITIEN... *Ce qu'il répondit un jour quand on lui demanda s'il avoit dit son Breviaire, est singulier.* Cette réponse est fausse. Politien disoit son Breviaire exactement. Voy. M. Joly contre Bayle.

S

SAVONAROLE... *ayant été arraché de l'Eglise de saint Marc où il s'étoit retiré, il fut conduit en prison.* Ce ne fut point de l'Eglise de saint Marc, mais de son Monastere qu'on tira Savonarole. „ Les Dominicains qui avoient „ fait provision d'armes tuerent „ cinq personnes, & trois d'en„ tr'eux furent tués, & nommé„ ment le frere de Savonarole. Voyez Bayle. *Il fut ainsi la victime de la fureur d'Alexandre VI dont il reprenoit les vices.* C'est la fureur de Savonarole qui le perdit, & non pas *la fureur d'Alexandre VI*, qui faisoit trop peu de cas de ce Moine pour s'embarrasser de ses déclamations. Je voudrois que M. Ladvocat répondit solidement à cette Question de M. Bayle. „ Je demande à ceux „ qui disent que Savonarole n'a été „ brûlé que parce qu'il s'étoit ren„ du odieux à la Cour de Rome. „ Avez-vous lu les Actes de son „ Procès? Y avez-vous trouvé „ qu'on ne le chargea d'autre cri„ me que d'avoir médit du Pape? „ en ce cas-là je vous donne cau„ se gagnée, mais comme vous „ ne pourriez les avoir lus sans y „ trouver qu'entre plusieurs au„ tres confessions honteuses qu'on „ tira de lui, &c. vous ne pouvez „ vous disculper... votre raport „ est très-infidele... ce sont ou ses „ Disciples, ou des Moines de „ son Ordre qui ont pris à tâche „ de le justifier... Pierius Valeria„ nus déclare tout net qu'on le „ brûla à cause de l'imposture & „ de l'impiété dont on le convain„ quit. " M. l'Abbé Ladvocat auroit dû examiner plus scrupuleusement certains faits qu'il raporte dans son Ouvrage, & suprimer les vers satyriques des Articles ALEXANDRE VI, OWEN, SPAGNOLI, &c. Il ne falloit rien mettre que d'édifiant dans un livre qu'il dit avoir composé pour les jeunes gens qui le consultent.

SCIPION NASICA, *fils de Cneius... eut ordre de recevoir chez lui la Statue de la mere des Dieux, il mérita par sa prudence & par ses belles qualités d'être apellé les délices du peuple Romain.* 1°. Dire que Scipion *étoit fils de Cneius*, c'est ne rien dire; il étoit fils de Cneius Scipion Calvus. 2°. M. Ladvocat copie Moreri qui a confondu le Pere & le fils. Celui qui fut apellé les délices du peuple Romain, n'est pas le Scipion qui reçut la Statue de la mere des Dieux, ce fut son fils Consul en 591 & 598 de Rome. V. Madame Dacier sur Aurélius Victor; Mémoires de l'Acad. des Inscr. &c.

SERENUS SAMMONICUS, *avoit une Bibliotheque de 62 mille volumes que Q. Sammonicus son fils donna au jeune Gordien dont il étoit précepteur.* Gordien le jeune est Gordien III. C'est de Gordien II que Sammonicus étoit Précepteur, & c'est à lui & non pas à Gordien le jeune que la

Bibliotheque fut donnée. V. Tillemont.

SOCRATE... *Il avoit aussi épousé Myrto, fille du juste Aristide.* Le fait est faux, car les tems ne s'accorderoient pas. V. Mém. de l'Académie des Inscriptions.

SYLLA *fut le premier des Romains (selon le savant Fabretti) dont on brûla le corps, car les Romains jusqu'à lui avoient coutume d'enterrer les morts.* Fabretti étoit trop habile pour avancer une proposition si universelle. Il a dit sans doute d'après Ciceron que Sylla fut le premier de la branche Patricienne des Corneliens qui voulut que son corps fut brûlé parce qu'il eut peur qu'on ne le déterrât comme il avoit fait lui-même déterrer le corps de Marius. On brûla les corps dès le commencement de Rome. Le corps de Remus, frere de Romulus fut brûlé. » C'étoit la coutume du » tems, dit Echard dans son » Hist. Romaine, de brûler les » corps ; mais Numa ordonna » expressément qu'on enterrât le » sien.

T

TANCREDE de *Hauteville, Seigneur Normand... envoya ses deux fils aînés Guichard & Roger tenter fortune en Italie.* 1°. Il faut dire Guiscard & non pas Guichard. 2°. Guiscard & Roger n'étoient pas les fils aînés ; Guiscard n'étoit que le sixieme, & Roger le douzieme des fils de Tancrede.

TELAMON... *Hercule lui donna en mariage sa fille Hesione.* M. Ladvocat se trompe. Hesione n'étoit pas fille d'Hercule, elle étoit fille de Laomedon Roi de Troie, & sœur de Priam.

V

WESSELUS. M. Ladvocat raconte dans cet Article sur Wesselus & sur François de la Rovere devenu Pape sous le nom de Sixte IV plusieurs choses démontrées fausses par Casimir Oudin dans ses Ecrivains Ecclésiastiques.

WILKINS. *Il laissa une fille qui fut mariée au Docteur Tillotson, Archevêque de Cantorbery.* M. Ladvocat se trompe. V. le Dictionnaire de M. Chauffepié.

FAUTES SUR LA BIBLIOGRAPHIE.

Je ne me crois assurément pas plus habile Bibliographe qu'un célebre Bibliothécaire de Sorbonne, car ce seroit une étrange présomption que celle-là, mais je crois avoir examiné quelques Articles du Dictionnaire de M. l'Abbé Ladvocat plus scrupuleusement qu'il ne les a examinés lui-même. J'ai remarqué par-tout une profonde érudition ; je souhaiterois n'avoir remarqué nulle part un défaut d'attention qui a occasionné un petit nombre d'erreurs.

Vous verrez, Monsieur, que j'ai été un peu plus fécond sur les Articles Bibliographiques que sur les autres, parce que vous n'ignorez pas que j'ai toujours eu du goût pour cette partie de la littérature. Joignez-y que j'écris sur l'ouvrage d'un Bibliothécaire, & vous jugerez que j'aurois pu m'étendre davantage; je prens cette occasion de prévenir une objection qu'un autre que vous pourroit me faire. Il diroit que j'ai été trop laconique, & qu'en évitant d'être long je n'ai pas prouvé suffisamment ce que j'avance. Il est vrai que j'aurois pu apuyer de quantité de preuves plusieurs Articles sur lesquels j'ai coulé rapidement; mais j'aurois fait un gros volume & ce n'étoit pas mon intention. J'écris à un homme intelligent qui n'a pas besoin de mes preuves; à Vous, Monsieur, qui possédez les meilleurs livres sur chaque matiere, & qui sçavez parfaitement ce qu'ils contiennent.

A

ALIPE d'*Antioche, dédia à Julien l'Apostat une Géographie que Jacques Godefroi a publiée en grec & en latin.* Cette Géographie n'est point d'Alipe d'Antioche. V. Bayle.

ANICIUS PROBUS, M. Ladvocat dit que sa femme *composa la vie de J. C. en centons de Virgile* : Il se trompe; il confond la femme du Proconsul Adelphius, avec la femme d'Anicius Probus.

ANIEN *cel. Jurisconsulte. On a de lui la traduction des Homélies de S. Chrysostome.* M. Ladvocat confond Anien Jurisconsulte avec Anien Diacre, Pelagien, c'est ce dernier qui a traduit en latin quelques Homélies de S. Chrysostome.

ANNE COMNENE, *a écrit l'Histoire du regne de l'Empereur son pere, dont M. Ducange, a donné une édition avec de savantes notes.* M. du Cange n'a jamais donné d'édition de l'ouvrage d'Anne Comnene.

APOLLODORE d'*Athenes.... Il ne nous reste que l'abregé de la Bibliotheque des Dieux en trois livres.* On confond mal-à-propos l'ouvrage d'Apollodore sur les Dieux, qui est totalemeut perdu avec sa Bibliotheque, dont les trois livres qui nous restent ne sont pas entiers.

ARUNDEL, *Comte d'Arundel.... il raporta les célebres marbres... Selden, Lydiat, Pamelius... en ont donné l'explication.* Pamelius est bien étonné de se trouver là, car il n'a jamais dit un mot des marbres d'Arundel. C'est Paulmier de Grentemesnil qui a travaillé sur ces marbres : il a été cité quelque part, sous le nom de Palmerius qu'on a bravement changé en Pamelius dans le Moreri de 1759 que M. Ladvocat copie fidelement.

AVIENUS, *auteur latin a mis en vers élégiaques les fables de Phédre.* Avienus a mis en vers 42 fables d'Esope, & non pas de Phedre.

B

BUCHANAN, ce que M. Ladvocat dit des 4 prétendues tragédies de Buchanan & de sa paraphrase des Pseaumes qu'il compare mal à propos à *celle du Pere Commire*, qui n'en a paraphrasé que quatre, n'est nullement exact.

C

CAPILUPI (*Lelio*), *Ses poësies sont insérées dans les Deliciæ Pœtarum Italorum.* Il n'y en a qu'une très-petite partie.

CASE, (*Jean de la*)... *On lui reproche avec raison d'avoir été déréglé dans ses mœurs & dans ses ouvrages, & son livre infâme intitulé Capitolo del forno, & celui qu'on l'accuse d'avoir fait de laudibus P.... couvrira à jamais sa mémoire d'un opprobre éternel.* Un célebre Bibliothecaire de Sorbonne a-t-il dû parler ainsi d'un savant Archevêque a qui les meilleurs critiques, Catholiques & Protestans, ont rendu plus de Justice? M. Ménage dans les Chapitres 119 & 120 de son *Antibaillet*, a démontré l'innocence de la Casa sur le prétendu livre *de Laudibus P*... „ Comme il faut rendre justice à „ tout le monde, dit M. Bayle „ Art. VAYER, Je suis obligé de „ dire qu'on a fait tort à Jean „ de la Casa, en lui imputant „ un livre *de Laudibus*... „ ce prétendu poëme n'est autre chose que le Capitolo del forno. „ Le pré„ tendu traité *de Laudibus*... dit „ le Protestant Prosper Marchand „ dans son Dictionnaire, est un „ ouvrage chimérique qui a été „ mal à propos attribué à J. de „ la Case, par une infinité d'é„ crivains indiscrets.... mille „ Auteurs se sont aussi indiscre„ tement que servilement copiés „ les uns les autres, pour charger „ le Casa de cette abomination. „ M. Ladvocat se trompe encore quand il apelle le *Capitolo del forno* un livre. C'est un poëme assez court. Il ne rencontre pas mieux quand il écrit que Casa mourut en 1557. Il mourut en 1556.

CASSIEN, (*Jean*) *On a de lui des collations ou conférences des Peres du desert en 24 livres.* Il y a 24 conférences, mais il n'y a pas 24 livres.

CAXTON. *Les plus anciens imprimés de sa façon avec date sont de* 1480. Il y en a pourtant avec date dès 1474.

CHARLES DE S. PAUL, *Supérieur Général de la Congrégation des Feuillans, est connu par son tableau de la Rhétorique françoise.* M. Ladvocat n'en dit pas davantage sur cet Auteur, & on voit qu'il ne le connoit gueres; Il s'apelloit Charles Vialart, & il est mort Evêque d'Avranches en 1644. Il est très-connu par sa Géographie Sacrée, excellent Ouvrage, & point du tout par sa Rhétorique françoise ensévelie dans l'oubli.

CHASSANÉE. *Il plaida la cause des Rats si singuliere dans les écrits de ce Magistrat.* Dans quels écrits de Chassanée pourra-t'on trouver cette cause?

COMMODIANUS, *dont on a un ouvrage en vers latins intitulé Instructions..... les vers en sont durs & d'un mauvais style.* M. Ladvocat ne devoit pas prendre la mauvaise prose de Commodien pour des vers.

CRATERUS, *favori d'Alexandre le Grand, avoit composé un ouvrage fort regretté des savans, dans lequel il avoit recueilli les Decrets des Athéniens.* „ Il ne „ faut pas croire, dit M. Bayle, „ que l'auteur de cet ouvrage, „ est le même Craterus qui eût „ tant de part à l'amitié d'Alexan„ dre le Grand.... Je ne trouve „ point de vraisemblance qu'un „ Seigneur comme Craterus tout „ brillant de gloire pour avoir „ eu tant de part aux conquêtes „ & à l'amitié d'Alexandre, ait „ pu se résoudre à recueillir tous „ les Arrêts du peuple d'Athenes. „ C'étoit l'affaire d'un praticien: „ cela demande des gens qui sen„ tent la poudre d'un greffe, & „ non pas la poudre à Canon.

CRUSER, *Il a traduit en latin les Vies & les Morales de Plutarque.* Il est démontré dans les Mémoires de l'Acad. des Inscr. que Cruser n'a point traduit les Morales de Plutarque.

D

DACIER, (*André*) M. Ladvocat lui attribue gratuitement une *Traduction des œuvres de Plutarque*; il n'a traduit que les Vies.

DEMETRIUS, *de Phalere.. il avoit composé un grand nombre d'ouvrages qui se sont perdus excepté sa Rhétorique.* Il ne faut rien excepter; car la Rhétorique attribuée mal-à-propos à Demetrius de Phalere, est de Denis d'Halicarnasse.

DICTYS

DICTYS DE CRETE, *suivit Idomenée au Siége de Troye, & composa, dit-on, l'histoire de cette fameuse expédition, ce qui a donné lieu à quelques Savans modernes, de composer une histoire d'Italie en latin, & de l'attribuer à cet ancien Dictys.* On ne sait ce que M. Ladvocat veut dire par son *Histoire d'Italie*, car l'Ouvrage latin attribué à Dictys a pour titre *de Bello Trojano.*

F

FAUCHET. *Ses principaux Ouvrages sont les Antiquités Gauloises & les Antiquités Françoises.* C'est le même, intitulé: Antiquités Gauloises & Françoises.

FEVRE d'*Estaples* (*Jacques*) *fameux Théologien.* M. Ladvocat cite au nombre de ses Ouvrages *un Traité des trois Magdelenes.* Il est vrai qu'il a fait un Ouvrage sous ce titre, « mais il reconnut » qu'il s'étoit trop engagé. Il fit » un second Traité intitulé: *de* » *duplici & unicâ Magdalenâ*, » pour prouver qu'on pouvoit » soutenir qu'il y en avoit deux ou » une seule. Enfin à force de va- » rier & de tourner cette question, » il l'a si bien embrouillée qu'on » ne sçait pas trop quel est son vé- » ritable sentiment. » C'est ce que dit fort judicieusement M. Anquetin dans sa Dissertation sur Sainte Marie Magdelaine. M. Ladvocat en citant uniquement le Traité *des trois Magdelenes* de le Fèvre n'en a point dit assez pour ses Lecteurs, & il n'a point parlé dans son Dictionnaire de M. Anquetin qui y méritoit bien autant une place que plusieurs autres qu'il y a placés avec honneur. Il y en a un Article superficiel & fautif dans le Moreri de 1759. On n'y donne pas seulement son nom de baptême, il s'apelloit Charles. On y dit que le P. Lami, Bénédictin, écrivit contre sa Dissertation sur Sainte Magdelaine; on devoit dire que ce fut le P. Lamy de l'Oratoire. M. Anquetin né à Rouen y mourut en 1716. Il a fait plusieurs Ouvrages dont le Moreri ne dit mot. Ce n'est pas ici le lieu de les détailler.

G

GACON. *On a de lui une traduction françoise d'Anacreon, avec des notes.* Il falloit dire, une une Traduction en vers françois, sans notes, car Gacon a composé une espece de Roman qu'il apelle l'Histoire de la Vie & des Odes d'Anacreon où il n'y a aucunes notes sur le texte.

GERMOIN (*Athanase*) *Archevêque de Tarantaise.* Il s'apelloit Anastase Germon, & non pas Athanase Germoin.

GORRÉE, *Auteur des Fables de l'Amadis.* C'est tout l'Article, & il y a plus de fautes que de mots. Gorrée est le nom estropié de Gohorri, & Gohorri est le Traducteur ou presque l'Auteur des tomes 10, 11 & 13 de l'Amadis de Gaule. Il y en a 21 volumes, ainsi Gohorri n'est pas l'Auteur des Fables de l'Amadis. Il ne peut y prétendre qu'une petite part.

GRASSIS (*Pierre de*) Il ne s'apelloit pas Pierre, mais Paris de Grassis.

GUILLAUME DE NANGIS... *dont on a la vie de saint Louis avec celle de ses fils Philippe le Hardi & Robert.* Cette prétendue vie de Robert n'a jamais existé. Moreri copié par M. Ladvocat a été convaincu d'erreur dans les Mém. de l'Acad. des Inscr.

GUYON (*Jeanne Marie Bouviers de la Mothe*) *On a d'elle l'ancien Testament avec des explications & des réflexions.* On a le Nouveau Testament de même. Il falloit donc dire: on a d'elle l'Ancien & le Nouveau Testament, &c. Séparer mal-à-propos une partie du tout, c'est donner de fausses notions.

H

HERODOTE... *On lui attribue la vie d'Homere qui est à la fin de la neuvieme Muse.* La vie d'Homere dans certaines éditions d'Herodote est à la fin de la *neuvieme Muse*, ou neuvieme & dernier Livre, comme l'Eneide de Virgile est à la fin des Géorgiques, parce que l'Eneide suit ordinairement les Géorgiques. Tout l'Article d'Herodote est défectueux. On dit qu'*il naquit* 404 *ans avant J. C.* Il falloit dire 484, &c.

HERWART... *composa un Ouvrage Chronologique & un autre Livre fort singulier... Il fait paroître beaucoup d'érudition dans ces deux Ouvrages.* Scaliger étoit capable d'en juger. Il dit qu'Herwart est un fat & un bavard qui a fait une Chronologie bien sotte.

HOFMAN (*Jean Jacques*) *est Auteur d'un Dictionnaire Historique qui est estimé.* Il fourmille pourtant de fautes comme le Moreri. On sçait à quoi s'en tenir sur le Dictionnaire d'Hofman quand on a lu celui de Bayle.

HOOGSTRATTEN... *On a de lui une bonne édition des quatre Poësies de Janus Broukhusius.* Qu'est-ce que cela signifie? Hoogstratten a publié les 16 livres de Poësies de Broukhusius. Ce qui a trompé M. Ladvocat, c'est que le Recueil commence par quatre livres d'Elégies; en avançant il eût trouvé de suite les 12 autres livres de différens Poëmes.

HORNIUS. M. Ladvocat lui attribue une *Histoire de l'Amérique* qu'il n'a jamais faite. Il a composé une Dissertation sur l'origine des Américains. Cela est différent. *Une Addition de Sulpice Severe avec des notes.* Il a voulu dire une Edition; il pouvoit ajouter, dont Bochart ne fait aucun cas.

HOSTUS (*Matthieu*) M. Ladvocat met au nombre de ses Ouvrages... *Opuscula de Labro, Exod.* 30, *Mari fusili* 1. *Reg.* 7. Hostus a pu citer pour la Mer de Fonte le premier Livre des Rois ch. 7, parce que notre troisieme livre des Rois n'est que le premier chez les Protestans qui donnent à nos deux premiers le nom de Livres de Samuel; c'est ainsi que Bernard Calviniste a cité l'Ecriture dans son Suplément de Moreri & les derniers Editeurs n'ont pas eu l'attention de réformer ses citations, ce qui est cause qu'un Lecteur Catholique est souvent embarrassé. Il ne trouve point ce qu'il cherche au lieu indiqué. Il ne trouvera pas la Mer de Fonte au premier, mais au troisieme livre des Rois chap. 7.

K

KRANTS. *Le plus considérable de ses Ouvrages est une Histoire Ecclésiastique intitulée Métropolis.* 1°. La *Métropolis* n'est point le plus considérable des Ouvrages de Krants. 2°. Ce n'est pas une Histoire générale de l'Eglise, mais une Histoire particuliere des Evêchés de Saxe.

KUSTER. M. Ladvocat lui attribue *Bibliotheca novorum Librorum*; mais Kuster n'est auteur de cet Ouvrage qu'en partie; il l'a composé avec Henri Sike, qui méritoit mieux une place dans le Dictionnaire de M. Ladvocat que plusieurs autres qu'il y a placés.

L

LABADIE. *Il attaqua le Livre de Wolzogue* (Wolzogue) *intitulé Philosophia Scripturæ interpres.* Ce Livre n'est point de Wolzogue, mais de Louis Meyer, disciple de Spinosa. On l'a joint dans quelques éditions au *Tractatus Theologicopoliticus.*

LABBE... Ses principaux Ouvrages sont *Bibliotheca Bibliothecarum, dont les meilleures éditions sont de* 1664, 1672 *&* 1682, *in fol.* Il n'y a point d'édition de 1682, mais de 1686; il n'y en a aucune in-folio, les deux premieres sont in-8°. & la derniere par Teissier in-4°. *Pharus Galliæ Antiquæ*, *in-12. avec une traduction françoise.* Il n'y a jamais eu de traduction françoise de ce Livre. Les numéro 13 & 14 sont le même Ouvrage en un volume in-4°. M. Ladvocat en fait deux. Tout l'Article est très-défectueux.

LALLEMANT (*Louis*) *Il ne faut pas le confondre avec un autre P. Lallemant, mort depuis quelques années, on a de ce dernier une paraphrase en vers françois sur les Pseaumes.* Ce P. Lallemant s'appelloit Jacques Philippe, mais il n'a jamais fait de paraphrase en vers françois sur les Pseaumes.

LARROQUE (*Matthieu de*) *l'un des plus savants & des plus judicieux Ecrivains de la R. P. R. Ses principaux ouvrages sont une histoire de l'Eucharistie très-curieuse.* „ C'est pourtant un écri„ vain, qui dans cette même his„ toire de l'Eucharistie, ne dit „ presque rien de recherché & de „ nouveau, qui sur divers faits, „ d'ailleurs fort connus, fait de „ fort mauvais raisonnemens, „ qui omet de mauvaise foi ou „ par ignorance, des faits im„ portans, mais d'ailleurs notoi„ res : il dit par exemple, que „ jusqu'au dixieme siecle, on n'a„ voit pas oui parler de l'adora„ tion de J. C. dans l'Eucharistie, „ ce qui est une fausseté histori„ que des plus palpables. „ V. M. L'Abbé Joly Rem. sur Bayle. M. L'Abbé Ladvocat, qui loue souvent de semblables ouvrages, devoit en donner une plus juste idée *aux jeunes gens qui le consultent*; il attribue encore à Larroque *un Traité de la Communion sous les deux especes.* „ Qui ne „ croiroit, dit M. Joly, que c'est„ là le titre du livre? Le P. Niceron „ y a été si bien trompé, qu'il la „ copié fidelement ; Voici com„ ment cet ouvrage est intitulé : „ Réponse au livre de M. L'Evê„ que de Meaux, de la Commu„ nion sous les deux especes 1683 „ in-12. „ Ce que M. Joly dit du P. Niceron, on peut le dire de M. Ladvocat.

LASCENA *ou Lasena, célebre Avocat de Naples.* Cet Article est fort mal placé, car cet Ecrivain s'apelloit de la Seine, & en Italien *La Sena.* Je ne sçais s'il étoit Avocat ; mais je sçais qu'il étoit Biblio hécaire du Cardinal Barberin. Son pere qui étoit de Normandie quitta son pays pour aller s'établir en Italie. Voy. Journal des Savans, Août 1692.

LENGLET DU FRESNOY. M. Ladvocat dit que *les meilleures éditions de sa Géographie sont en* 6 *volumes in-*12; il devoit dire en 7. *& en* 5 *volumes in-*4° ; cette prétendue édition in-4°. n'existe que dans le Moreri de 1759, & dans le Diction. de M. Ladvocat.

LEON *de Modene est Auteur d'une excellente histoire des Coutumes des Juifs.... Richard Simon en a donné une traduction françoise en* 8 *vol. in-*12. Il n'y en a jamais eu qu'un volume; les 7 autres ne se trouvent certainement pas dans la Bibliotheque de Sorbonne.

LORME *Philibert de*) *l'un des plus célebres Architectes du seizieme siecle. Ronsard ayant eu avec de Lorme un démêlé, fit contre lui une Satyre qu'il intitula la Truelle crossée, par allusion à plusieurs Abbayes que le Roi avoit données à cet Architecte.* Cette Satyre intitulée *la Truelle crossée* est une pure chimere. V. Diction. de M. Chauffepié.

LUCAIN. *Il ne nous reste que sa Pharsale en six livres.* Il suffit d'ouvrir Lucain pour être convaincu que la Pharsale est en dix livres, & non pas seulement en six.

LUSCINIUS (*Ottoman*) Il paroit que cet écrivain n'est pas bien connu de M. Ladvocat. Il s'apelloit Othmar ou Omer, & M. Ladvocat, après Moreri, l'appelle Ottoman. Il a composé plusieurs ouvrages sur l'Ecriture Sainte & M. Ladvocat n'en dit mot. „ La „ premiere & la fameuse concorde „ dont on ne connoît pas bien „ l'Auteur, a été donnée dit le „ P. Calmet, par Omer Luscin. „ Il étoit Bénédictin, & mourut en 1535.

LYCORIS. *C'est le nom que Virgile donne à la fameuse courtisane Cytheris, dans sa dixieme Eclogue, où il console Cornelius Gallus de ce qu'elle lui préféroit Marc-Antoine.* M. Ladvocat donne quelquefois comme très-certaines, des choses très-douteuses. C'est un défaut dans un Dictionnaire Historique. De Savans Critiques ne sont pas persuadés qu'il s'agit de Cytheris & de Marc-Antoine dans la dixieme Eclogue de Virgile : Ou Lycoris dit le P. de la Rue, n'est point Cytheris, ou le rival de Cornelius Gallus, n'est point Marc-Antoine. Voyez encore le P. Catrou sur la dixieme Eclogue.

M

MAGGI. M. Ladvocat lui attribue *un Traité des clochettes des anciens.* Il devoit dire un Traité des cloches, mais Magius ne parle pas des cloches des Anciens qui ne les connoissoient point.

MAIMBOURG. M. Ladvocat met au nombre de ses ouvrages, *l'Histoire du Wicclefianisme* qui est de Varillas.

MAIRET. M. Ladvocat dit deux fois dans cet Article, que Mairet a composé 13 Tragédies. Il fait plus, il cite les titres de ces prétendues Tragédies, qui ne sont que des Tragicomédies, & il conclut de son dénombrement : *ce qui fait en tout 13 pieces*; il n'en a pourtant cité que dix. Il a nommé deux fois *la Sylvanire* sans s'en apercevoir, & il a oublié Virginie & Roland le furieux. Ces deux pieces jointes à celles qu'il a citées, formeroient le nombre de 12. Mairet n'en a pas composé davantage.

MARCULFE, *dont on a deux livres de formules. M. Nivard en donna en 1666 une seconde édition qui est la meilleure.* La meilleure édition, est incontestablement celle qui a été donnée par Baluze en 1677 avec les Capitulaires.

MARTIAL, *d'Auvergne... On a de lui les Arrêts d'Amour imités des Poëtes Provençaux. Ils sont au nombre de cinq dont le commencement & la fin sont en vers, & le reste en prose.* M. Ladvocat n'a pas vu les Arrêts d'Amour, car 1°. au lieu de cinq Arrêts, il y en a cinquante & un de Martial d'Auvergne. On a ajoûté dans les dernieres éditions, le cinquante-deuxieme Arrêt & l'Ordonnance sur les masques, par Gilles d'Aurigny & le cinquante-troisieme Arrêt rendu par l'Abbé des Cornards en ses grands jours tenus à Rouen. Le commencement & la fin des Arrêts ne sont pas en vers, mais l'ouvrage entier commence & finit par quelques vers.

MASSIEU. *Il avoit entrepris une traduction de Pindare, mais il n'en a donné que 4 Odes.* Il en a pourtant donné 6; savoir, 4 des Olympiques, & 2 des Isthmiques.

MENAGE. M. Ladvocat dit que son *Antibaillet est en 2 vol. in-12 en latin*; c'est une erreur, il est en bon françois, & il a été imprimé in-4°. à Paris pour être mis à la suite des Jugemens des

Savans de Baillet. Ménage avoit été obligé de le faire imprimer en Hollande. Les gens de lettres n'ont plus voulu acheter le Baillet sans l'Anti-Baillet, ce qui a forcé les Libraires de Paris de les imprimer ensemble. Les Libraires tremblent quand il paroit une bonne critique d'un livre utile qu'ils débitent, mais ils ont tort.

MERULA (*Paul*) *On a de lui la vie d'Erasme, & celle de Junius.* M. Ladvocat se trompe. La vie d'Erasme a été composée par Erasme même, celle de Junius par Junius. Merula n'a été que l'Editeur de ces Vies.

METHOCHITE. *Son érudition le fit apeller une Bibliotheque savante.* M. Ladvocat veut dire, vivante. *On a de lui un grand nombre d'ouvrages*; c'est le contraire, on en a très-peu, & des trois qu'on cite, il n'y en a qu'un qui soit imprimé.

METKERKE. *Il a travaillé aux Vies des Césars; à la Grande Grece.* Il falloit dire qu'il a travaillé sur les Vies des Césars; sur les médailles de la Grande Grece. *Il a traduit Theocrite*; il en a traduit quelques Epigrammes. Est-ce là traduire Theocrite?

MICYLLE, *a fait des Scholies sur Virgile.* Il n'a point fait de Scholies sur Virgile, mais sur Ovide.

MORERI (*Louis*) *Docteur en Théologie, très-célebre par le grand Dictionnaire historique qui porte son nom.... Les éditions les plus estimées de ce Dictionnaire, sont celles de 1718 en 5 vol. in-folio, celles de 1725, 6 vol. in-fol. & celles de 1732, aussi en 6 vol. in-fol.* M. Ladvocat cite ensuite la *nouvelle édition, en 10 vol. in-fol. 1759.* Je connois plusieurs Savans qui préférent les éditions du Moreri qui ont précédé l'année 1716 à celles qui ont paru depuis cette époque. L'année 1716 vit éclore le Grand Suplément au Moreri, par Jacques Bernard, en 2 vol. in-fol. Ce Supplément nommé Supplément de Hollande, commença à être inséré dans l'édition de 1718, il est resté dans les éditions suivantes. Cet ouvrage de Bernard, n'est qu'un recueil de bévues énormes, & c'est avec raison, qu'on a dit dans le tome XV de l'Histoire Critique, de la Rep. des Lettres que „ la Littérature, l'Antiquité, l'Erudition, la Critique, étoient pour „ Bernard un pays inconnu, & „ qu'il n'avoit pas même de goût „ pour les Belles Lettes. „ Je vais citer quelques Articles du Supplément de Bernard fidélement copiés dans l'édition du Moreri de 1759, & dans les antérieures. Je trouverois sous la seule lettre A mille exemples.

Abdiran, *Roi des Sarasins.* Abdiran est un nom estropié au lieu d'Abderame, qui est dans le Moreri, & c'est un Article doublé très mal-à-propos.

Abia, *fille d'Hercule nourice d'Hyllus.* M. de Claustre dans son Dictionnaire Mythologique & M. Chompré dans son Dictionnaire de la Fable, disent la même chose, parce qu'ils ont copié Moreri, mais il se trompent; il est aussi certain qu'Abia n'étoit pas fille d'Hercule, qu'il est certain qu'Hyllus étoit fils de ce Héros.

Acacesie, *ville d'Arcadie, bâtie par Acace fils de Lycaon. Le soin que Mercure prit d'élever cet Acace, lui fit donner l'épithete d'Acacésien.* Ce n'est pas Mercure qui éleva Acace, c'est au contraire Acace qui éleva Mercure.

Acanthonaulona, *ville de la Tribu de Benjamin.* Ce mot Acanthonaulona, est un mot forgé de deux mots grecs, qui signifient la vallée des épines, & non pas une ville.

Achridenus, *de Bâle, publia*

en grec & en latin, *l'an* 1618 *un rescript au Pape Adrien IV.* C'est une bévue énorme. On a imprimé à Paris en 1618, dans le recueil des Canons de Zonaras, un rescrit de Basile d'Acride, Arch. de Thessalonique dans le 12e. siecle, au Pape Adrien IV; Bernard qui a lu quelque part *Achridenus* (*Basil*) n'a pas compris que *Basil* étoit le nom de Baptême, il a cru que cela signifioit de Basle, & que cet Auteur vivoit en 1618. Nos éditeurs du Moreri, ont copié bonnement toutes ces bévues, & on trouve dans le Moreri de 1759, l'Article Achridenus de Bâle, & un autre Article de Basile d'*Acride*. L'éditeur de 1759 dit pourtant qu'il a retranché *une multitude étonnante d'Articles qui se trouvoient répetés sous différens noms*: Je crois bien qu'il en a retranché quelques-uns, mais il a fait grace au plus grand nombre, & il en a ajoûté de nouveaux; il a ajoûté Albineus (*Nathanaël*), & il cite les *mémoires manuscrits de M. l'Abbé Goujet*; il n'a donc pas sçu que ce Nathanaël Albineus est le même qu'Aubigné (*Nathan*) qui étoit déjà dans le Moreri, & qu'il y a laissé. Il a ajoûté Auberi (*Antoine*) & il cite les *mémoires manuscrits de M. d'Argis.* Il a donc ignoré que c'est le même qu'Aubery (*Antoine*), qui étoit déjà dans le Moreri, & qu'il y a encore laissé. Je ne peux croire que M. l'Abbé Goujet ait communiqué ses mémoires manuscrits pour être imprimés dans le nouveau Moreri, car on y voit comme tiré de ces mêmes mémoires un très-mauvais Article de Claude Aubery, & M. l'Abbé Goujet sçait très-bien, que M. l'Abbé Joly a donné dès 1752, dans ses Remarques sur Bayle, au mot Beze, une notice infiniment meilleure de Claude Aubery. Je doute aussi que M. Boucher d'Argis, ait destiné à l'impression les Articles qui portent son nom.

Acragallides, *peuple très-méchant, qui habitoit autrefois au voisinage d'Athenes.* Les Acragallides habitoient au voisinage d'Athenes, à peu près comme les habitans des Alpes habitent au voisinage de Paris. Ils habitoient dans la Phocide auprès du golfe Crisséen, aujourd'hui golfe de Salona. Bernard, le Moreri de 1759 & les précédens, citent *Eschil*, au lieu d'Eschine qu'il falloit citer dans sa harangue contre Ctesiphon; on doit lire cette harangue d'Eschine, traduite par M. de Tourreil, avec les remarques de ce traducteur pour connoître les Acragallides.

Adelgise, *Chef ou Soudan des Azoréniens qui ravageoient la Lombardie, lequel perça de mille coups l'Ambassadeur de Benevent.* Ce prétendu Chef des Azoréniens ou plutôt Agareniens ou Sarasins, est Adalgise Prince de Salerne & Duc de Benevent dont les continuateurs de Moreri ont déjà donné un Article. Ils mettent ici sur le compte d'un Prince Chrétien, ce qui ne convient qu'à Massar Chef des Sarasins, qui tua l'Ambassadeur d'Adalgise. Les deux Articles d'Adalgise, & d'Adelgise dans le Moreri de 1759, ne valent rien du tout, & celui d'Adelgise en particulier est à supprimer comme plein de bévues & doublé mal à propos.

Adilbar, *Capitaine Maure, qui fut laissé pour Viceroi en Espagne.* Adilbar est un nom défiguré au lieu d'Abdulassis qui est dans le Moreri.

Æges, *ville de l'Eolie... Plutarque en fait mention dans la vie de Themistocle, Pline en parle aussi l. 5. c. 30, Myrina, dit-il, qui se fait nommer Sebastopolis, & dans son enceinte Æges; elle faisoit donc, selon cet auteur, une partie de la ville de Myrina, mais Herodote les distingue, l. 1. c. 149. Myrina étoit sur le bord de la mer.* Eh vraiment oui, Myrina étoit sur le bord de la mer, mais Æges en étoit bien loin. Pline dans l'endroit cité fait le dénombrement des villes de l'Eolie; il commence par les maritimes, & nomme ensuite celles qui étoient au milieu des terres. *Plinius maritima a mediterraneis discernit*, dit Cellarius sur cet endroit de Pline, dont voici le passage qui concerne Myrina & Æges. *Myrina quæ Sebastopolim se vocat & intùs Ægæ, Attalia, Posidea*; cela signifie: On trouve sur les côtes de la mer.... Myrine qu'on apelle aussi Sebastopolis, & assez avant dans les terres Æges, Attalie, Posidée. N'étoit-ce pas un habile homme que Bernard? n'a-t-il pas bien rendu le mot latin, *intùs*, en disant qu'une ville étoit dans une autre, Æges dans l'enceinte de Myrina dont elle faisoit partie? les Dupins & les autres éditeurs de Moreri, n'ont ils pas bien verifié ce que Bernard écrivoit en 1716? L'éditeur de 1759 dit qu'*il n'y en a pas une seule édition qui n'ait été dirigée par de très-habiles gens.* On le mettra du nombre, quoiqu'il ait copié exactement, *in fide parentum*, l'Article Æges.

Agamemnonia, *rade dans le pays Attique, où la flotte des Grecs s'assembla pour porter la guerre contre la ville de Troie.* 1°. Agamemnonia est l'Epithete d'Aulis: *Aulis Agamemnoniæ classis statio*, dit Pomponius Mela. 2°. Aulis n'étoit pas dans l'Attique, mais dans la Béotie; le Moreri se contredit: car on lit au mot Aulide: *ville & port de Béotie... ce fut le rendez-vous des Capitaines Grecs.*

Agape, *(S.) Martyr, exécuté avec Sainte Chionie sa sœur.* On a peine à en croire ses yeux quand on lit de pareilles bévues, mais on s'y accoutume. Agape étoit une femme, & non pas un homme. Voyez Vies des Saints de M. Baillet au 1. d'Avril. Le Moreri de 1759, métamorphose encore une femme en homme à l'Article Alberic Veer, ou il fait un saint de Sainte Osithe. Les éditeurs de Moreri ont copié Dupin, qui dit dans ses Auteurs du treizième siecle, qu'*Alberic Verus a composé la Vie de Saint Osithe, & les Antiquités de son monastere qui portoit le nom de ce Saint.* Sainte Osithe Vierge & Martyre, étoit petite fille d'un Roi des Merciens.

Alfaquins, *Alfaquini, est le nom de certaines gens qui sont encore aujourd'hui cachés en Espagne, & qui sont comme les Prêtres des Maures.* Cet Article est ridicule: n'est-il pas étonnant que les éditeurs du Moreri ignorent ce que c'est qu'un Alfaqui?

Andebonthes, *fils légitime de Cnuton roi des Anglois.... fit déterrer le corps de Haralde qu'il fit jetter dans la mer.* Cet Andebonthes est Canut II, fils de Canut I dont les continuateurs de Moreri ont donné un Article, sans penser à leur *Andebonthes* & à leur *Cnuton*.

Arche *d'Alliance.... fut menée en la Ville de Cariathiarim; là elle fut confiée à un Lévite nommé Aminadab, dans la maison duquel ce sacré dépôt demeura 20 années.* L'Arche demeura 70 ans dans la maison du Lévite apellé dans la Vulgate Abinadab; on donne dans le Moreri de 1759 un Article d'Abinadab, & un autre d'Aminadab, articles doublés mal-à-propos, & pleins de contradictions; on dit dans le premier Article qu'Abinadab *reçut l'Arche dans sa maison lorsqu'elle fut ramenée de Cariathiarim, &c.* Il falloit dire lorsqu'elle fut amenée à Cariathiarim. Ce que dit le Moreri de 1759, sur l'Arche au mot Accaron, est encore très-fautif : *La punition que Dieu fit des Philistins Accaronites après la prise de l'Arche, est décrite dans le premier livre des Rois, ils furent affligés d'une maladie au fondement & de l'incommodité de plusieurs souris, ce qui les obligea de faire forger cinq souris d'or.* Les Accaronites ne furent point affligés de l'incommodité des souris, mais de l'incommodité des Rats ; ils ne firent point forger cinq souris d'or, mais seulement un Rat d'or ; les cinq satrapies en firent faire chacun un, & les autres villes contribuerent à la dépense. Les continuateurs de Moreri, & les Encyclopédistes, paroissent n'avoir rien compris à l'Histoire de l'Arche ; on lit dans l'Encyclopédie au mot Arche d'Alliance : *Elle fut prise par les Philistins, au pouvoir desquels elle demeura vingt ans selon quelques-uns, & selon d'autres quarante... Les fleaux dont à leur tour les Philistins furent frapés, les obligerent de restituer l'Arche aux Israélites qui la déposerent à Cariathiarim, dans la maison d'un Lévite nommé Aminadab, chez lequel elle demeura encore vingt ans.* 1°. l'Arche ne demeura que sept mois chez les Philistins : *Fuit arca Domini, in regione Philistinorum septem mensibus*, 1. des Rois ch. 6. Cela est clair & précis. 2°. Elle demeura comme je l'ai dit 70 ans chez Abinadab.

Asa, *petite mais jolie ville de l'Arabie heureuse.* Bernard & ses copistes avoient déjà donné un Article de Ahassa qui est la même ; ils citent au mot Asa, *Nub. p.* 122. Je ne serai point étonné que plusieurs lecteurs n'entendent point cette citation, car il est probable que plusieurs éditeurs ne l'ont pas entendue, ils auroient cité le Geographe de Nubie, c'est-à-dire, Eben Edrissi.

Asagres, *Asagræ, nom des Sarasins qui étoient en Espagne, au Royaume desquels Pierre d'Aragon mit fin, après avoir pris prisonnier Abaracinus.* Il y a ici plus d'absurdités que de mots ; absurdités de Bernard copiées encore dans le Moreri de 1759. 1°. Les Asagres n'étoient pas des Sarasins, mais de puissans Seigneurs Aragonois très-catholiques & très-ennemis des Sarazins. Dom Antoine Martines d'Asagre, Chanoine de Calahorra, savant Ecrivain mort en 1637, étoit dit Franckenau, *ex perantiquâ Asagrarum Aragonensium stirpe prognatus.* 2°. Pierre d'Aragon ne prit pas *Abaracinus prisonnier*, car dans quelle prison eût-il enfermé une ville telle qu'Albaracin, (& non pas Abaracinus) qui étoit alors une des plus fortes places d'Espagne suivant les Historiens de ce Royaume ? On a traduit le Moreri en langue Espagnole : Quel bon Article pour les Espagnols, que l'Article Asagres, s'il est resté tel dans la traduction qu'il est dans l'original !

Asander, *est le nom d'un homme qui divisa la Chersonese Taurique, du Continent ayant fait passer une mer par son Isthme.* Cet Article comme une infinité de pareils se trouve dans le Moreri depuis 1716 jusqu'à present, car l'Editeur de 1759 a conservé toutes ces belles choses. Quand Bernard fabriqua en 1716 l'Article d'Asander, il y avoit déjà dans le Moreri un Asander, *Roi du Bosphore*, & c'est certainement le même que Bernard n'a pas reconnu. Il avoit lu dans le Dictionnaire Historique d'Etienne. *Asander viri proprium qui Tauricam Chersonesum à Continente separavit ducto per ejus Isthmum muro.* Il n'a point compris les mots *Asander Viri proprium : nomen* est sous-entendu, & cela signifie selon le systême système Grammatical du Dictionnaire d'Etienne, qu'Asander est le nom d'un homme c'est-à-dire du Roi Asander, & non pas le nom d'une ville, d'une montagne ou d'une riviere. Bernard à encore lu sans attention les mots, *ducto muro*, il a cru voir *ducto mari*, parce qu'il n'a pas lu le Grec de Strabon, & il a dit qu'Asander fit passer une mer par l'Isthme, au lieu de dire qu'il fit construire un mur sur l'Isthme, pour enfermer la Chersonese Taurique. Les Lacédémoniens avoient élevé en la 75 Olympiade, une pareille muraille de toute la longueur de l'Isthme de Corinthe pour fermer l'entrée du Péloponese. Les bévues que je viens de raporter sont si grossieres que je me crois dispensé d'en citer un plus grand nombre; elles suffisent pour faire juger de l'Erudition de Bernard qui les a fourrées dans son Supplément, & de l'attention des Continuateurs du Moreri, qui les ont insérées dans leurs éditions. Croiroit-on, qu'à ces fautes on en a ajoûté de nouvelles de la même force dans le Moreri de 1759? rien n'est plus vrai : je ne citerai que cinq ou six exemples, parce que je sçais qu'un homme de Lettres doit bientôt mettre au jour, un Anti-Moreri, ou Dictionnaire des fautes du Moreri de 1759.

Abiram, *fils ainé d'Hiel, rebâtit Jericho, & perdit son fils ainé Abiram lorsqu'il en jetta les fondemens, & Segub le dernier de ses fils, lorsqu'il en posa les portes.* Quel galimathias! quelles absurdités! ce ne fut pas Abiram qui rebâtit Jericho; ce fut Hiel son pere. Abiram ne perdit pas son fils aîné, car il n'avoit point de fils, mais il mourut lui-même lorsque son pere Hiel posa les portes de Jericho. Segub n'étoit pas le dernier des fils d'Abiram, c'étoit son frere, &c L'Article d'Abiram est bon dans le Moreri de M. le Clerc.

Albe Royale. *Ville dans la basse Hongrie... Cette Ville est le Siege du seul Archevêque qui soit dans le Royaume & qui a droit de percevoir les dixmes de toute la Hongrie. Son revenu montoit anciennement à plus de 200000 ducats, & est beaucoup diminué par le ravage que les Turcs & les Tartares ont fait dans la basse Hongrie.* Où l'Editeur de 1759 a-t-il pris ce qu'il dit là? 1°. Albe Royale n'a jamais été ni Archevêché, ni Evêché. 2°. Il y a deux Archevêchés en Hongrie, Gran & Colocza.

Aleuquerque *Coelho... Il est enterré dans le Couvent de sainte Barbe des Mercenaires déchaussés.* Le mot Espagnol *Mercenarios* que l'Editeur traduit par Mercenaires signifie les Religieux de la Mercy. Il suffisoit d'ouvrir un Dictionnaire Espagnol pour éviter cette bévue. On trouve dans le Dictionnaire de M. Chauffepié quelques traductions semblables à celles du Moreri. Au mot Quevedo il traduit *Bienaventurado Francisco de Sales* par *Bonaventure François de Sales*, mais *Bienventurado* signifie Bienheureux & non pas Bonaventure. Au mot Vorstius (*Adolphe*, M. Chauffepié dit *qu'il paroit par une Lettre de Heinsius que Vorstius eut de la peine à se résoudre à mourir : Vorstium è vivis audio excessisse invitus*; mais cela signifie, j'aprens avec chagrin que Vorstius est mort. J'ai vu un Essai de traduction de quelques morceaux de Tacite, imprimé en 1753, où l'on rencontre de pareils contresens.

Amerique. *Une des quatre parties du monde... Les Espagnols y ont six Archevêchés.* Ils n'y en ont que cinq, car San Salvador apartient aux Portugais. *Environ 34 Evêchés.* Ils n'y en ont que trente,

E

On a pu passer en Amérique de la terre Australe par le Détroit de Magellan qui n'a que deux ou trois cens lieues de largeur. Combien donc l'Editeur voudroit-il que ce détroit eut de largeur? Deux ou trois cens lieues devroient suffire. La vérité est que » le Détroit de » Magellan a une lieue de largeur, » dans les endroits les plus étroits, » en ayant dans d'autres jusqu'à » dix. « Voy. Introduct. à la Géographie par M. de Lisle, tom. I.

ARGENTAN *sur l'Orne, Ville de France en Normandie entre Séez & Falaise... Cette Ville a titre de Vicomté & apartient au Grand Duc de Toscane qui a droit d'y établir un Gouverneur.* L'Editeur du Moreri de 1759 a eu des Mémoires particuliers sur Argentan, car je ne trouve nulle part ce qu'il debite ici, & j'ignorois totalement les droits du Grand Duc de Toscane sur cette Ville.

ASSYRIE. *C'est une partie de l'Asie... A present ce pays est partagé entre les Turcs & les Persans. La partie que le Grand-Seigneur retient, qui est la moindre, se nomme encore Arserum & renferme le Beglerbei & la partie orientale de Mozuque, au-delà du Tigre.* Que de fautes! Le Beglerbei est-il un nom de pays? N'y a-t-il qu'un Beglerbei dans la partie de l'Assyrie qui apartient au Grand-Seigneur? Qu'est-ce que la partie orientale de Mozuque, au-delà du Tigre? Le continuateur de Moreri veut dire aparemment Mosul, mais Mosul est en-deçà du Tigre. *L'autre partie que les Perses possedent est réunie à différentes Provinces de Perse. Ses principales Villes sont Mosul & Schiarahsur.* Il est certain que Mosul & Schiarahsur, aujourd'hui Kierkiouk, apartiennent au Turc, & non à la Perse. On donne très-souvent dans le Moreri une idée fausse des Empires, Royaumes, Villes, &c. On les represente ou tels qu'ils n'ont jamais été, ou tels qu'ils ne sont plus aujourd'hui, parce qu'on a copié des Mémoires dressés du tems de nos ayeux sans y rien changer. M. de Boissy dans son Eleve de Terpsichore a donné une liste des Livres qui peuvent servir à former un mechant Poëte; si je donnois une Liste des Livres qui peuvent servir à former un méchant Géographe, je ne manquerois pas de mettre à la tête le Moreri & l'Encyclopédie. Je vous ferai bientôt connoître la Géographie de ce dernier Ouvrage.

MORUS (*Thomas*) M. Ladvocat lui attribue une *Traduction latine des Dialogues de Lucien.* Il en a traduit trois; cela peut-il s'apeller une traduction des Dialogues de Lucien?

MOULINS (*Guyard des*) *est le premier qui a traduit toute la Bible en françois.* Cela est fort douteux, car on prétend que les Vaudois l'ont traduite en françois dans le douzieme siecle, & la traduction que M. Ladvocat attribue à des Moulins, est attribuée par d'autres à Raoul de Presle.

N

NADAL. M. Ladvocat lui attribue une *Paraphrase sur le Cantique des Cantiques.* Il n'en a paraphrasé que deux Chapitres.

NANNI (*Pierre*) *a composé une traduction des Pseaumes en beaux vers latins.* Il n'en a traduit que quinze, & sa poésie est assez mauvaise.

NEMESIEN. *M. Mairault a traduit Nemesien en françois.* Il n'en a traduit que les Eclogues. M. Ladvocat prend souvent la partie pour le tout. *Il y a eu un autre Nemesien qui vivoit dans le même tems.* C'est le même, selon Fabricius. Tout l'Article Nemesien est fort défectueux.

NEPOS (*Cornelius*) *Le P. le*

Gras de l'Oratoire en a donné une traduction françoise dont on estime les notes. Où sont ces notes ? Doit-on apeller des notes quelques mots d'explication, tels que le plus mince Ecolier est capable d'en fournir ? Cette traduction du P. le Gras est très-peu estimée. On vient d'en donner une nouvelle.

NICERON (*Jean Pierre*) M. Ladvocat lui attribue la *Géographie physique de la Terre.* Cet ouvrage n'est point de lui, mais de Woodvard Anglois. La traduction n'en est pas non plus, mais de Nogués ; on trouve seulement à la fin de l'ouvrage quelques Pieces traduites par Niceron.

NOIR (*Jean le*) M. Ladvocat lui attribue l'*Evangile nouveau du Cardinal Palavicini... Nouvelles lumieres politiques.* C'est le même Ouvrage qui a pour titre Nouvelles lumieres politiques pour le gouvernement de l'Eglise, ou l'Evangile nouveau, &c.

O

ONUPHRE PANVINI, *continua les Vies des Papes de Platine in folio.* Panvini n'a point continué Platine. Il a composé les Vies des Papes en commençant comme Platine par S. Pierre. Que veut dire M. Ladvocat par son in-folio ? cela se rapotte-t-il à Platine ou à Panvini ? Il y a des éditions de Platine in-8°. & in-12 ; il y en a de Panvini in-4°. &c.

OPILIUS (*Aurélius*) *habile Grammairien dont on a Libri musarum.* Il falloit dire dont on n'a point, car les *Libri musarum* sont perdus. M. Ladvocat dit souvent *on a*, & quand on vient à examiner, on trouve qu'on n'a rien. Il ne donne aucunes dates sur Opilius. Je n'en suis point surpris, car le Moreri de 1759 dit qu'*on ne sçait pas bien en quel tems il a vécu.* Il n'est pourtant pas difficile de le sçavoir ; car Opilius suivit en Afrique Rutilius Rufus qui y fut exilé l'an 666 de Rome, 94 ans avant J. C.

ORESME. *On lui attribue une traduction françoise de la Bible, mais cette traduction est constamment de Guyar des Moulins.* Ce ton affirmatif m'embarasseroit, si je ne trouvois dans les Mém. de l'Acad. des Inscriptions des preuves, qu'il n'en faut rien conclure. On lit dans ces Mémoires que „ la traduction de la Bible, qu'une „ infinité d'écrivains attribuent „ d'après la Croix du Maine à „ Nicolas Oresme, est incon- „ testablement de Raoul de Presle. *Oresme*, dit M. Ladvocat, *traduisit en françois le Livre de Plutarque des Remedes de l'une & de l'autre fortune.* Ce livre est *constamment* de Petrarque & non pas de Plutarque.

ORSATO. *Son Commentarius de notis Romanorum, a été inséré dans le neuvieme tome du Thresor de Grævius.* Il falloit dire dans le onzieme tome, & ajoûter qu'il a été imprimé à Paris en 1723 in-12, & que les Anglois ont enlevé presque toute l'édition. Il y a plusieurs fautes dans cet Article.

P

PAPIRE MASSON.... *On a de lui une histoire des Papes, des Annales de France.... de Episcopis Orbis in-4°.* Il falloit dire de Episcopis Urbis, & c'est la même chose que *l'Histoire des Papes.* M. Ladvocat multiplie les ouvrages comme les Auteurs. *Sa description de la France par les rivieres, n'est point estimée.* L'Abbé Baudrand qui se connoissoit en Géographie, l'estimoit, car il en a donné une édition avec des notes. L'ouvrage est latin. Coulon l'a traduit en françois.

PARDIES, *on a de lui... la Statique ou la science des chos.*

mouvantes. Il falloit dire, des forces mouvantes & non pas *des choses.*

PARIS. (*Matthieu*) *son principal ouvrage, est une excellente histoire en deux parties, dont la premiere commence à la création du monde, & finit à Guillaume le Conquérant.* Cette premiere partie n'est point de Matthieu Paris, & elle n'a point été imprimée parmi ses ouvrages.

PASCHASE RATBERT..... *Il nous reste de Paschase Ratbert des Commentaires sur les Pseaumes.* Il n'en a pourtant commenté qu'un, sçavoir le quarante-quatriéme. Il n'a pas dit un seul mot sur les autres.

PHÉDRE. *Poëte latin. M. de Sacy & Mad. Dacier ont traduit en françois cet excellent Poëte.* Jamais Madame Dacier n'a traduit Phédre en françois. M. Ladvocat se trompe encore quand il dit que *la plus ample de toutes les éditions de Phédre & la plus estimée, est celle que Burman a donnée à Amsterdam en 1698*; car il ne doit pas préférer Burman, à d'autres éditeurs, ni son édition de 1698, à deux postérieures qu'il a données en 1718 & 1727.

PHOTIUS..., *porte son jugement sur un grand nombre d'auteurs & sur 180 Livres.* Cela est fautif & mal exprimé. La Bibliotheque de Photius contient l'argument ou les extraits de 279 ou 280 volumes de plusieurs écrivains sur différentes matieres.

PLANUDES, *Moine grec, est celui qui a recueilli les épigrammes des Anciens en VII Livres sous le nom d'Anthologie.* Planudes n'est que le quatrieme qui a recueilli les Epigrammes de l'Anthologie & Agathias l'avoit divisée en 7 livres avant Planudes.

PLOT (*Le Docteur*) *Auteur de l'Hist. Nat. du Comté de Staffort.* 1°. Cet Article doit être placé avant celui de Plotin. 2°. Plot s'apelloit Robert, & il a composé l'Hist. Nat. de la Province d'Oxford en 1677 in-fol.

POGGIO.... *On a de lui une Traduction de Diodore de Sicile.* Il n'en a traduit que les cinq premiers Livres.

PRAXILLE, *Dame de Sicyone..... Nous avons encore des vers qu'elle envoya à un jeune homme nommé Calais.* M. Ladvocat se trompe en copiant Moreri. Le savant Fabricius dans sa Bibl. Grec. assure qu'il n'a pu trouver ces vers nulle part. On ne croit pas que M. Ladvocat les ait trouvés.

R

RADEGONDE (*Sainte*) *Nous avons sa vie in-40. traduite du latin par Jean Bouchet.* M. Ladvocat ne pouvoit-il point citer d'autre vie de sainte Radegonde, & celle de Bouchet est-elle traduite du latin?

RAPIN (*Nicolas*).... *Il fut l'un de ceux qui travaillerent à la fameuse Satyre Menippée, Segrais lui attribue tous les vers de la harangue du Docteur Rose.* M. Ladvocat s'exprime mal, & fait dire à Segrais ce qu'il n'a point dit. Nicolas Rapin a composé avec Jean Passerat les vers qui se trouvent dans la Satyre Menippée, & il a composé en particulier en prose, la Harangue de l'Archevêque de Lyon & celle du Docteur Rose. Tout l'Article Rapin est défectueux. *Il mourut*, dit M. Ladvocat, *à Tours le 15 février 1608*, il mourut à Poitiers le 13 fevrier 1609.

RAPIN (*René*) *la meilleure édition des poésies latines du P. Rapin, est celle de Paris 1723.* Cette édition de 1723 chez Barbou, est au contraire très-mauvaise. C'est ce que dit M. L'Abbé Joly, & il a raison; la meilleure édition des poésies du P. Rapin, est celle de Cramoisy, 2. vol. in-12 en 1681.

RAVIUS. M. Ladvocat ne s'aperçoit pas que ses N°. 7 & 8 de l'ouvrage sur la Genese est le même. Il ne s'aperçoit pas qu'il se trompe, en disant que Gravius *né en 1613, mourut en 1677 à 68 ans.* Il n'en avoit que 64.

RICHER (*Edmond*) *On a de lui une Hist. des Conciles Généraux en 8 vol. in-4°.* Il n'y en a que trois tomes assez minces qui se relient souvent en un volume in-4°. M. Ladvocat confond toujours les Volumes avec les Tomes; il y a pourtant de la différence.

S

SAUMAISE. *On a de lui.... des Commentaires sur les écrivains de l'Histoire d'Auguste.* Il faut dire sur l'Histoire Auguste, c'est-à-dire sur l'Histoire des Successeurs des douze Césars, & non pas sur l'Histoire d'Auguste. Cela est fort différent.

SAUVAGE (*Denys*) *On estime sur-tout son édition de Froissart & celle de Monstrelet.* C'est le contraire. Les Savans méprisent toutes les éditions données par Sauvage „ qui a plutôt disgracié, „ dit M. le Laboureur, qu'illustré notre histoire. Ses éditions „ n'ont servi qu'à rendre les anciennes plus rares & plus cheres. Denys Sauvage, dit le P. „ le Long, a changé le langage „ des Auteurs qu'il faisoit imprimer; il eut plus obligé le „ public en les laissant dans leur „ langage naturel. „

SCARRON. *On a de lui.... le Roman comique, le Virgile travesti & neuf Comédies, & une Tragi-comédie en style burlesque.* Ou M. Ladvocat a-t-il pris que tous ces ouvrages, excepté le Virgile, sont en style Burlesque?

SERARIUS. M. Ladvocat lui attribue au N°. 2 *des prolégomenes estimés sur l'Ecriture Sainte*, & encore au N°. 5 *des prolégomenes estimés sur l'Ecriture Sainte*, c'est assurément le même ouvrage.

SIDONIUS APOLLINARIS. *Il nous reste de lui 7 livres d'Epitres.* Nous sommes plus riches. Il nous en reste neuf.

SIGONIUS. *On a de lui un traité...... plein d'érudition de Regno Italiæ, depuis 579 jusqu'en 1300.* Il faut dire depuis 565 jusqu'en 1286. Ce n'est point un traité, mais une Histoire qui n'est point pleine d'érudition, parce que l'érudition n'y conviendroit point.

SIRI.... *Son Mercure en 13 vol. in-8°.* Il y en a 15 in-4°. qui se relient en 20. *Memorie recondite en 4 vol. in-4°.* Il y en a huit, dont les 4 premiers sont extrêmement rares, les quatre derniers un peu moins.

SPENCER (*Edmond*) *Celle de ses pieces qu'on estime le plus, est intitulée la Nymphe Reine.* Elle est intitulée, la Reine des Fées.

SPERON SPERONI. *Ses principaux ouvrages sont.... Ses discours de la prudence des Princes.* Ils sont intitulés, *Della Precedenza de Principi*, ce qui ne signifie pas la prudence, mais la préséance des Princes. M. Ladvocat n'a pas été heureux sur les Ecrivains Italiens.

T

TAILLEPIED. M. Ladvocat lui attribue *une traduction des vies de Luther, de Carlostad & de Pierre Martyr, composée en latin par Bossée.* Il veut dire apparemment Bolsec, mais Bolsec n'a point composé ces vies; il a composé celles de Calvin & de Beze. M. Ladvocat ne parle point de l'Histoire des Druides de Taillepied; c'est pourtant le plus rare & le plus recherché de ses ouvrages.

TAMERLAN. *Nous avons une*

Histoire de Tamerlan par Vattier. Cette Histoire dont Vattier n'est que le Traducteur est d'Arabschah dont M. Ladvocat a donné un Article fort superficiel.

TARTERON, *est auteur d'une traduction françoise des œuvres d'Horace dont la meilleure édition est celle de Paris en 1713.* La meilleure édition de l'Horace de Tarteron, est celle d'Amsterdam, avec les Remarques critiques de M. Coste 1710, 2 vol. in-12. *La derniere édition de sa traduction de Perse & de Juvenal, est de 1737.* La derniere édition est de 1752, mais la meilleure & la plus recherchée, est la premiere en 1689, parce qu'on a changé & retranché beaucoup de choses de la Préface dans les dernieres éditions.

TASTE (*Dom Louis la*)..... *On a de lui..... un écrit in-4°. intitulé Observations sur le refus que fait le Châtelet, &c.* M. Ladvocat se trompe; cet écrit n'est certainement point de Dom la Taste.

TATIUS (*Achilles*) *est Auteur d'un Livre de la Sphére que le P. Petau a traduit en latin.* Il falloit dire qu'il est Auteur des deux ouvrages, sur les Phénoménes d'Aratus, traduits par le P. Petau & imprimés en Grec & en Latin dans l'*Uranologium*, ou se trouvent encore des fragmens d'Achille Tatius, imprimés seulement en Grec.

TIBERE, *Empereur Romain. Il avoit fait des vers Lyriques intitulés Complaintes de Jules Cesar.* C'étoit une plainte sur la mort de Lucius Cesar fils d'Auguste.

TOUR, (*Henri de la*) *Vicomté de Turenne.* L'Abbé Raguenet a écrit sa vie: oui, mais M. de Ramsay l'a mieux écrite, & M. Ladvocat n'en dit mot.

TZETZES, (*Isaac*) *est très-connu par ses excellens Commentaires sur l'Alexandre apellé aussi la Cassandre de Lycophron.* 1°. il falloit dire l'Alexandra apellée & non pas *l'Alexandre apellé.* 2°. M. Fabricius a prouvé dans sa Bib. Grec. que ces Commentaires sont de Jean Tzetzes, & non pas d'Isaac.

V

VANINI.... *Outre ses Dialogues, on a de lui, Amphitheatrum æternæ Providentiæ in-8°. De admirandis Naturæ, &c.* Ce dernier ouvrage est le même que les Dialogues. D'un seul livre M. Ladvocat en fait deux, & *le traité d'Astronomie* qu'il dit qu'on a de Vanini, n'a point été imprimé.

VIGNIER. (*Jerome*)... *On a de lui l'Histoire de l'Eglise Gallicane.* On ne connoit point cette Histoire. *Il trouva à Metz un Ancien Manuscrit, ou il étoit parlé fort au long de la fameuse Jeanne d'Arc.* Ce Manuscrit qui ne contient que des fables, ne valoit pas l'honneur d'être cité.

VOSSIUS (*Gerard Jean*) *Tous les écrits de Vossius ont été imprimés à Amsterdam en 9 vol. in-folio.* Il n'y en a pourtant que six.

WECCHIETT, *Savant Italien.* 1°. Il faut écrire Vecchietti, & cet Article n'est point à sa place. 2°. M. Ladvocat qui dans certains Articles cite quantité de Brochures oubliées ou méprisées, ne dit rien ici du fameux ouvrage de Vecchietti, intitulé *de Anno primitivo* qui est très-rare & très-cher.

WITTICHIUS, *a sçu accorder les principes & la Théologie de Descartes, avec la Théologie.* Cela n'est ni exact ni bien exprimé. Il falloit dire que Wittichius a sçu accorder les principes philosophiques de Descartes avec la Théologie.

Z

ZOROASTRE..... *le Livre qu'on lui attribue est un infc-*

lio qui se trouve en manuscrit dans la Bibliotheque du Roi. Combien de gens n'ont jamais vu & ne verront jamaisce manuscrit? N'y a-t-il pas des ouvrages imprimés sous le nom de Zoroastre, comme les *Oracula Magica*, &c. M. Ladvocat n'en dit mot. On trouvera dans le premier Tome de la Bibl. Grecque de Fabricius, dequoi supléer à cet Article.

ERREURS dans les Jugemens sur les Ecrivains.

M. l'Abbé Ladvocat ne pouvoit rien faire de plus utile pour ses Lecteurs que de donner des Jugemens sur les Ecrivains dont il parle. C'est choisir pour ceux qui ne sont pas en état de choisir eux-mêmes. Malheur après cela à quiconque s'attacheroit à de mauvais Auteurs. & laisseroit les bons. Il ne reste plus qu'une petite difficulté. Est-on assuré que M. Ladvocat a toujours bien jugé? Il en a eu le dessein; je n'en doute nullement, mais il n'a pas lu tous les Livres dont il parle; il a été obligé de juger de plusieurs sur le raport d'autrui, & combien de ces premiers Juges se sont trompés pour avoir parlé de certains ouvrages sans en avoir jamais rien vu que le titre? Si on connoissoit les décisions que le célebre Bibliothécaire de Sorbonne a portées par lui-même, on pourroit les suivre sans aucun risque; il a le goût sûr & délicat, mais je suis persuadé qu'il n'est point interressé personnellement à défendre la plupart des fautes que je vais reprendre.

A

ABEN EZRA. *Son style est clair, élégant, serré & fort aprochant de celui de l'Ecriture.* Le célebre Richard Simon connoissoit le style d'Aben Ezra, il dit » qu'il est concis, ce qui est cau» se qu'il est quelquefois obscur. Il n'a garde de dire qu'il est clair, & il ne le compare point au style de l'Ecriture.

ARIAS MONTANUS... *Il fut employé par Philippe II à une nouvelle édition de la Bible Polyglotte, ce qu'il exécuta glorieusement.* M. Simon bon Juge en cette matiere pense le contraire. Il assure » qu'on a eu raison de dire en » parlant des corrections d'Arias » Montanus : *Quot correctiones,* » *tot corruptiones*, car bien loin » d'ôter les défauts qui étoient » en grand nombre dans la ver» sion de Pagnin, il les a aug» mentés... Je ne crois pas, ajou» te M. Simon, qu'on doive don» ner à Arias Montanus la qua» lité de *Fidissimus interpres* : au » contraire on lui fera beaucoup » plus de justice en le nommant » *Ineptissimus Interpres*, &c. » V. Hist. Critiq. du Vieux Test. liv. 2. ch. 20.

B

BACHET *Sieur de Meziriac.... son principal ouvrage est sa Traduction des Héroïdes d'Ovide.* Meziriac, car c'est sous ce nom que M. Ladvocat en devoit parler, n'a traduit que la plus petite partie des Héroïdes d'Ovide, puisqu'il y en a 21, & qu'il n'a traduit que les huit premieres. *Avec de très-savans Commentaires*, dit M. Ladvocat. Il pouvoit ajouter que ces Commentaires sont fort ennuyeux & fort mal écrits. Cet Article est très-superficiel. On peut se dédommager dans le Dictionnaire de Bayle.

BARNES (*Josua*) *savant Professeur en langue Grecque à Cambrige... entendoit le Grec en manœuvre. C'est le jugement qu'en portent les habiles Critiques.* Un homme qui entend le Grec en manœuvre est il un savant Professeur en langue Grecque ? M. Ladvocat s'accordera avec lui-même, mais il ne s'accordera pas avec Messieurs Fabricius, Chauffepié & les plus habiles Journalistes qui assurent que Josué Barnes avoit une connoissance parfaite de la langue Grecque qu'il écrivoit & parloit avec une facilité admirable. Si M. Ladvocat eut mieux connu l'Homere, l'Euripide & l'Anacreon de Barnes, il eut parlé autrement.

BERNARD (*Jacques*) *savant Critique Protestant... On a de lui la continuation des Nouvelles de la République des Lettres & d'autres ouvrages estimés.* On a dit avec beaucoup plus de raison que ,, cet insipide Ecrivain n'étoit pro- ,, pre qu'à conduire la mule de ,, Photius à l'écurie. Ce Bernard a donné en 1716 un Suplément de Moreri farci des plus énormes bévues dont quantité ont été adoptées par les Editeurs suivans, & se retrouvent encore dans le Moreri de 1759, & quelques-unes dans le Dictionnaire de M. Ladvocat.

BOURBON. (*Nicolas*) *célebre Poëte latin du seizieme siecle.* C'étoit au contraire un très-mauvais Poëte latin ; Poëte, dit Scaliger, de nul nom, de nulle considération. *Il se retira à Condé.* Il se retira à la petite Ville de Cande & non pas à Condé. *Il a laissé huit livres d'Epigrammes & un Poëme de la forge.* Ce Poëme fait partie des huit livres d'Epigrammes intitulés *Nugæ*, ou il n'y a rien de bon que le Titre.

BOECE, *l'un des meilleurs Ecrivains & Poëtes latins de son tems naquit au cinquiéme siecle.* M. Labbé Ladvocat s'imagine toujours parler à des Savans qui connoissent l'état des Sciences dans chaque siecle. Le Pere Rapin s'exprime d'une façon beaucoup plus satisfaisante dans ses Réflexions sur la Poëtique. » Quelque politesse » d'esprit qu'eut Boece, il ne put, » dit-il, surmonter la méchante » maniere qui régnoit alors, & » ce qu'il y a de plus beau dans » ses Odes, n'est qu'une fausse » beauté conforme à l'esprit du » siecle dans lequel il écrivoit. » Boece a pourtant mieux réussi dans les vers que dans la prose, ce qu'on doit dire aussi de Martial de Stace, d'Ausone & de Fracastor, suivant la remarque du Pere Vavasseur dans son excellent traité *De ludicrâ dictione*. *Il fut accusé auprès de Théodoric de vouloir conspirer avec l'Empereur Justin contre les Goths, il paroit en effet par une ancienne préface des Livres de la Consolation découverte par le Pere Mabillon, que Boece avoit des intelligences secretes avec les Grecs, & qu'il avoit dessein de soustraire la Ville & le Sénat Romain au pouvoir des Goths par l'assistance des Grecs.* Cela signifie en bon françois que Boece étoit un traître. A quoi pensoit M. Baillet de le mettre au nombre des Saints & d'en donner la vie au 23 d'Octobre ? Il connoissoit pourtant *cette ancienne Préface découverte par le P. Mabillon*, puisqu'il la cite & qu'il indique même la page 221 de *l'Iter Italicum*, où elle est raportée. Il a cru qu'elle ne méritoit aucune considération. Il a eu raison. M. Ladvocat eut jugé de même s'il l'avoit examinée. C'est un tissu de calomnies & de faussetés ; calomnies détruites par Boece lui-même, dit M. Baillet. Faussetés ; on y dit que Boece égale Ciceron dans la Prose & Virgile dans les Vers. C'est ce que

Boece

Boece n'a pas réfuté, car il ne prévoyoit pas qu'on lui feroit tant d'honneur. Laurent Valle prétend que la Latinité de Boece est fort mauvaise, ce qui a fait dire ce bon mot à Scaliger : *Valla docet Boetium latinè loqui, at Vallam Boetius sapere.*

C

CASAUBON (*Isaac*) *l'un des plus Savans hommes de son siecle..... outre ses Comment. il a laissé une critique des Annales de Baronius.* M. Ladvocat devoit avertir que cette Critique est très-mauvaise, afin que le titre de *l'un des plus Savans hommes de son siecle*, qu'il donne à Casaubon, n'en impose pas sur cet ouvrage dont M. Le Clerc, quoique Protestant, fait très-peu d'estime. » Casaubon, dit-il, auroit rendu un service infiniment plus » grand au public en traduisant » des Auteurs Grecs, qu'en écrivant contre Baronius sur des » matieres qu'il n'entendoit pas » assez & qu'il n'étoit plus tems » qu'il étudiât sur ses vieux » jours. »

CELSE (*Cornelius*) *C'est l'Hippocrate des Latins. Quintilien en fait un grand éloge.* Oui, il dit que c'étoit un Esprit médiocre. *Vir mediocri ingenio*, Lib. 12. Cap. 11.

CRASSOT (*Laurent*) *célebre Auteur Italien.* 1°. Il s'apelloit Crasso & non pas Crassot. 2°. Ce n'étoit pas un célebre Auteur, mais un écrivain très-peu judicieux, grand & fade louangeur. On lui fit cette Epitaphe :

» Ci gît le Seigneur Laurent Crasse,
» Dont l'ignorance fut très-crasse.

M. Ladvocat donne presque toujours aux Ecrivains dont il parle les Epithetes de *célebre*, *très-célebre*, *savant*, *très-savant*, *fameux*, &c.

CRASSOT (*Jean*) *célebre Professeur de Philosophie au Collége de Sainte Barbe.* Voilà encore un célebre qui étoit tout-à-fait oublié. *Il avoit le talent singulier de redresser ses oreilles, & de les abaisser quand il vouloit.* Cela n'est apparemment admirable que dans un Professeur, car certain animal plus connu que Crassot en fait autant & sans doute mieux. Voyez M. Dacier sur ce vers d'Horace :

Demitto Auriculas ut iniquæ mentis Asellus.

& Bayle au mot Hercule, Rem. G.

D

DONAT (*Ælius*) *Il eut pour disciple Saint Jérome, & composa des Commentaires sur Terence & sur Virgile qui sont estimés.* Tout au contraire. » On nous » a donné, dit M. Baillet, sous » le nom spécieux de Donat des » Commentaires sur Virgile & » sur Térence, qui ne sont point » du Précepteur de Saint Jerome. » Le prétendu Donat n'est qu'un » méchant ramasseur qui n'est pas » fort adroit à recoudre ses lambeaux & ses rapsodies.

DUPLEIX. *Son meilleur livre est un Cours de Philosophie.* Point du tout. » Les Mémoires des Gaules sont, dit le P. Niceron, » ce que Dupleix a donné de » meilleur. » Le P. Niceron a raison.

F

FAREL..... *étoit un des plus Savans Chefs de la R. P. R.* Erasme en parle pourtant comme d'un homme fort ignorant & fort insolent ; *nihil vidi vanius, nihil gloriosius, nihil virulentius &c.* » Quoiqu'il fut plus propre à prê-

» cher qu'à faire des livres, il ne » laissa pas, dit M. Bayle, de » s'ériger en Auteur.

FORESTA. *Jacques Philippe de Bergame..... La plupart des Historiens font de ce Religieux Augustin un grand éloge.* Il ne s'agit pas icy d'Historiens, il s'agit de Critiques habiles qui tous regardent Foresta comme un homme de très-peu de jugement, & dont les écrits sont pleins de Solécismes. M. Ladvocat dit qu'*on a de lui un Traité des femmes illustres Chrétiennes.* Il n'a pas consulté l'ouvrage, car il y auroit vu Eve femme d'Adam qui n'étoit point Chretienne, des femmes Juives, des femmes Payennes, des femmes connues par leurs impudicités & leurs mauvaises qualités &c.

G

GASTINAU.... *Il n'étoit pas Docteur, mais il en avoit le mérite.* C'est un nouveau genre d'éloge inventé en Sorbonne ou l'on regarde comme un Phénomene qu'un homme qui n'est pas Docteur en ait le mérite; on auroit dû nous expliquer en quoi consiste ce mérite. Il paroit que ce n'est pas uniquement dans la Science, car il y a eu des hommes plus savans que Gastinau, qui n'ont point eu le Titre de Docteur, & on ne nous dit point qu'ils en ont eu le mérite.

H

HERRERA TORDESILLAS..... *On a de lui l'Histoire générale des Indes, ouvrage exact.* Le Pere Rapin dit » qu'Herrera est fanfaron & partial sur » sa nation, ainsi son ouvrage n'est point exact.

HOTTINGER, *l'un des plus fameux écrivains du dix-septieme siecle* » Il n'y a rien, dit M. l'Abbé Renaudot, dans les nombreux Volumes d'Hottinger qui » mérite la moindre attention, » puisque tout se réduit à des glo» ses obscures ou à des consé» quences qu'il veut tirer de quel» ques livres qu'il n'entendoit » pas.

HUMPHREY, *savant Théologien Anglois.... Ses ouvrages sont : De ratione interpretandi Autores.* » Humphrey, dit M. Baillet, s'est » voulu ériger en maître, & il a » prétendu prescrire aux autres » les regles de la traduction qu'il » ne savoit pas lui-même.

L

LETI, *l'un des plus fameux & des plus laborieux Historiens du dix-septieme siecle.* Ce n'est pas ainsi qu'en a jugé M. Bayle. „ Leti, „ dit-il, est un Rapsodeur & une „ plume :

Tam ficti pravique tenax quam
nuncia veri.

„ Il a bien eu le courage de „ dire dans son *Théâtre Belgique* „ que l'Escaut & le Rhin passent „ par Roterdam. „ M. Ladvocat assure cependant que le *Théâtre Belgique est moins mauvais que le Théâtre de la France.* Il est encore plus mauvais si cela se peut.

LINNAIUS, *savant naturaliste moderne dont plusieurs blâment la méthode.* Il est clair que M. Ladvocat ne sçait de qui il parle, car 1°. le savant Naturaliste dont il s'agit s'apelle Charles Linnæus, & non pas Linnaius. 2°. Il est vivant, & M. Ladvocat le croit mort, car il ne met que des morts dans son livre. *Nous avons cru*, dit-il page vij de sa Préface, *devoir passer sous silence les personnes encore vivantes.* M. Linnæus est Professeur de Botanique dans l'Académie Royale d'Upsal. 3°. Ses ouvrages sont très-estimés.

M

MAGDELENET, *Poëte Latin. On estime ses Poësies Latines.* Le P. Vavasseur excellent connoisseur n'en fait pas beaucoup de cas. „ Jonin, dit-il, vaut mieux „ que Magdelenet & Cerisantes „ tous deux ensemble. M. Ladvocat a parlé de Jonin, mais il n'a rien dit de Cerisantes dont on trouvera un Article curieux dans le Dictionnaire de Bayle, & des Anecdotes plaisantes dans le second volume du Ménagiana, édition de 1715. On peut encore consulter les jugemens des Savans de M. Baillet, tome V. in-4°. M. Ladvocat a parlé de Marc Duncan, pere de Cerisantes au mot DUNCAN.

MILON, *célebre Religieux Bénédictin mort en 872.* Il mourut en 882. *Il est Auteur de plusieurs pieces fort ingénieuses dont l'une est intitulée le Combat du Printems & de l'Hyver.* Il n'y a rien de plus pitoyable que cette piece imprimée dans Casimir Oudin, Tom. 2. P. 326.

MODREVIUS. *Son principal ouvrage est intitulé : de Republicâ emendandâ.. Cet ouvrage est généralement estimé.* Au contraire il est généralement méprisé. Modrevius pour l'avoir composé, fut chassé de Pologne, dépouillé de ses biens, & devint un malheureux vagabond, odieux aux Catholiques & aux Protestans. On a dit de lui qu'il s'est deshonoré, *Dicendo quæ non oportuit, Scribendo quæ non licuit, Agendo quæ non decuit.* V. Hist. du Socinianisme.

MONTAIGU (*Richard de*) *Il traduisit fidélement en latin 214 Lettres de S. Basile & toutes celles du Patriarche Photius.* Le P. Vavasseur pense autrement, & il pense bien. Il prouve que Montaigu traduit durement, qu'il met des solécismes dans ses traductions & qu'il n'étoit nullement capable de juger du style de Photius qu'il reprend mal-à-propos.

N

NÉARQUE... *On estime beaucoup sa navigation de l'embouchure de l'Inde à Babylone.* On l'estime au contraire très-peu, car Strabon dit que Néarque est un menteur.

NICANDRE, *dont il ne nous reste que deux excellens Poëmes.* Plutarque dans sa méthode pour lire les Poëtes a décidé que les ouvrages de Nicandre quoiqu'écrits en vers ne sont point des Poëmes parce qu'ils manquent de fiction. Ainsi les deux ouvrages de Nicandre, ne sont point *deux excellens Poëmes* & d'ailleurs cet écrivain est dur, suivant le Pere Rapin.

NICOLE (*Pierre*) *On a de lui un très-grand nombre d'ouvrages en latin & en françois tous bien écrits en l'une & l'autre langue... On ne peut nier que M. Nicole ne soit un des plus polis & des meilleurs Ecrivains, soit en françois soit en latin.* Si M. l'Abbé Ladvocat s'étoit contenté d'assurer une seule fois que M. Nicole écrivoit bien en latin, j'aurois regardé cette assertion comme peu réfléchie, & je n'en aurois rien dit. La répétition ne me persuade pourtant pas qu'il ait jugé par lui-même ; il n'a parlé sans doute que sur le raport d'autrui ; penser autrement, ce seroit faire tort à ses connoissances. Ne sçait-il pas que le P. Vavasseur, qu'il dit avoir bien écrit en latin, a démontré dans le dernier Chapitre de son Traité de *Epigrammate* que la latinité de M. Nicole est très-vicieuse ? Le P. Vavasseur étoit, selon le P. Nicéron, « l'homme de son „ tems qui a le mieux possédé tou- „ tes les délicatesses de la langue

„ latine, & qui l'a parlée avec „ le plus de pureté & d'élégan- „ ce. Il avoit outre cela un dis- „ cernement admirable, un sens „ droit, un jugement solide, &c. Voilà justement l'Ecrivain qui a fait voir clairement quelques-uns des solécismes latins de M. Nicole. Il s'y connoissoit. Mais ne vous en raportez qu'à vous-même, Monsieur, *Tolle, lege*: examinez le *Delectus Epigrammatum*, & la traduction des Lettres Provinciales, & jugez si l'Auteur de la vie de M. Nicole doit en être cru quand il assure que *sa latinité est celle de Térence.* Si on est un Terence pour avoir pris des mots & des phrases de cet Auteur, ceux qui ont composé les Centons de Virgile & d'Homere, seront à plus juste titre des Homeres & des Virgiles. Où ne conduit point l'envie d'ériger son Héros en homme universel?

NONNUS, *Poëte Grec, est Auteur d'une Paraphrase en vers sur l'Evangile de Saint Jean. Cette Paraphrase peut servir de Commentaire, elle est fort claire.* Je crois que M. Ladvocat ne l'a jamais lue, car il l'auroit trouvée fort obscure. *Nonnus metaphrasi in Joannem obscuritate nimiâ lectorem fatigat.* C'est ce que dit le Savant Borrichius qui l'avoit lue. Le P. Rapin dit aussi que le style de Nonnus est sombre & embarrassé.

P

PALEARIUS *l'un des plus beaux esprits & des plus polis écrivains du seizieme siecle.* Eloge outré. Il n'y a rien à aprendre dans les Lettres de Palearius, & sa Poésie n'est nullement Virgilienne. Il fut pendu & brûlé pour ses impiétés. » Ses ïambes sont » si froids, dit M. de la Monnoie, » que s'il avoit été condamné à » être brûlé tout vif, ils auroient » pû éteindre par leur froideur » le feu préparé pour son supplice.

PALINGENE *est connu par son Poëme Latin intitulé Zodiacus. La meilleure Traduction de ce Poëme est celle la Monnerie.* « Il n'y a » pas le sens commun dans cet- » te traduction ni dans les notes » de la Monnerie, disent les Au- » teurs de la Bible Françoise Tom. „ 31, & ils disent très-vrai aussi-bien que M. l'Abbé d'Artigny dans ses Mém. T. 4. P. 450 & T. 7. P. 89. M. Ladvocat porte des Jugemens bien singuliers.

PARIS (*Matthieu*) *célebre Bénédictin Anglois...... Son principal ouvrage est une excellente Histoire en deux parties, dont la premiere commence à la création du monde, & finit à Guillaume le Conquérant. La seconde comprend ce qui s'est passé depuis ce Prince jusqu'en 1259. C'est sur-tout cette seconde partie qui est estimée de tous les Savans.* M. Ladvocat dit avec plus d'exactitude qu'il ne pense, que *c'est sur-tout la seconde partie qui est estimée de tous les Savans*, puisqu'ils n'ont point vu la premiere qui n'est que manuscrite; on doute même qu'elle soit de Matthieu Paris. Voyez ce que j'ai dit page 36. La seconde n'est ni si *excellente* ni si *estimée* qu'il le prétend. Baronius, Bellarmin, Possevin, Coeffeteau, Aubert le Mire & plusieurs *Savans*, regardent Matthieu Paris comme un écrivain très-partial, & il ne faut pas s'imaginer que les seuls Catholiques pensent mal de ce Moine. Le Protestant Casimir Oudin en fait un portrait dont je ne presenterai que quelques traits: *Matthæus Paris ingratissimus ac superbus monachus..... Universos pungit. Non parcit Episcopis, non Magnatibus, non Regibus, non Imperatoribus, imò nec ipsi Papæ, nec Abbati proprio; at tanquam furiosus ex quadrivio, ex quâcumque plagâ supervenerit viator*, *misellum flagris adoritur &c.*

PETRONE *favori de Néron.... Le Président Bouhier a très-bien traduit le Poëme sur la guerre civile, morceau d'une grande beauté.* C'est le contraire. " Petrone, ,, dit le P. Rapin, y tombe dans ,, tous les défauts qu'il condam-,, ne. Jamais personne n'a don-,, né des regles plus judicieuses ,, de la Poésie, & jamais person-,, ne ne les a plus mal observées.

PHILANDER, *l'un des plus savans hommes du seizieme siecle.* Cet éloge est outré. *On a de lui plusieurs autres savans écrits en Manuscrit.* Personne n'a vu ces écrits, comment M. Ladvocat sçait il qu'ils sont *Savans*? Philander étoit un paresseux, un charlatan, qui promettoit des ouvrages qu'il ne vouloit ni pouvoit donner.

PIN (*Louis Ellies du*) *très-célebre Docteur de Sorbonne, & l'un des plus grands critiques & des meilleurs Ecrivains ecclésiastiques de son tems.* C'est dommage que cet éloge pompeux ne soit point avoué des Savans. Dupin est l'un des Auteurs les moins exacts de son siecle. Ses ouvrages fourmillent de bévues. Il a composé en 2 vol. in-8°. la Bibliotheque Universelle des Historiens où il s'est avisé de parler des écrivains Grecs où il n'entendoit rien. C'est dans cet ouvrage dont M. Ladvocat ne parle point que Dupin prend bonnement la Cassette où Alexandre le Grand enfermoit son Homere pour une ville où l'on a fait une édition des ouvrages de ce Poëte. Il dit Tom. I. P. 39 : *Eustathe parle de plusieurs éditions d'Homere que l'on nommoit du nom des villes où elles avoient été faites, comme celle de Narthex, la Massaliotique, la Synopique.* Dupin a cru malheureusement que le mot grec qui signifie Cassette, étoit le nom d'une ville, & il fonde là-dessus sa ville de Narthex. On pourroit citer quantité de pareilles bévues tirées des ouvrages de Dupin, mais il suffit de dire avec M. l'Abbé Lenglet, que cet écrivain a survécu à sa réputation. Je ne comprends point comment on compose de mauvais livres d'Histoire, de Critique &c dans Paris où l'on peut commodément consulter les plus savans Maîtres & les meilleurs Ouvrages sur ces matieres. Je n'en sçais qu'une raison ; c'est que la fecondité & l'exactitude vont rarement ensemble. L'éclaircissement d'un fait historique arrête quelquefois un écrivain judicieux pendant un tems considérable. Les autres copient sans examen, & font de gros volumes sans réflexion.

PORCELLUS, *excellent Historien & Poëte latin.* C'est au contraire un mauvais Historien & un mauvais Poëte latin :

Nil aliud Porcellus erat quam
garrula cornix ;
Grammata non norat Græca, Latina parùm.

V. M. de la Monnoie sur les Jugemens de Baillet.

PORTES (*Philippe des*) *laissa une Traduction des Pseaumes en vers françois qui est estimée.* Elle ne l'est point du tout " c'est, dit ,, le P. Niceron, le moindre des ,, ouvrages de Desportes, qui ,, avoit perdu tout son feu lors-,, qu'il le composa. Le moins esti-,, mable de tous les ouvrages de ,, Desportes est, dit le Cardinal ,, du Perron, celui des Pseaumes.

S

SANTEUIL, *ou plutôt* SANTEUL. *Il réussit dans ses Hymnes avec un tel applaudissement qu'on n'a rien vu en ce genre de plus parfait ni de plus excellent depuis la naissance de l'Eglise jusqu'aujourd'hui. Il regne dans toutes ses Hymnes un style noble, clair & majestueux... Il a ôté les élisions.* Les Hymnes de Santeul sont belles ; mais l'éloge qu'en fait M. Ladvocat est outré. „ Santeul, dit M. „ l'Abbé de Lavarde, dans sa Ré„ponse à M. Dinouart, a fait „ mille fois froncer le sourcil à „ M. de la Monnoie dans la lec„ture de ses Hymnes. Lisez le „ second volume du Ménagiana, „ & vous vous trouverez arrêté „ comme cet habile Censeur à „ chaque page, à chaque strophe, &c. On trouve en effet une critique des Hymnes de Santeul dans le Ménagiana, tome II, édit. de 1715, depuis la page 249 jusqu'à la 277. On ne croit pas qu'il soit aisé d'y répondre. M. Thiers dans ses Observations sur le Bréviaire de Cluni a fort bien repris aussi plusieurs endroits de ces Hymnes, & les Auteurs des nouveaux Breviaires où on les a adoptées, y ont fait plusieurs changemens. M. Dinouart lui-même, quoiqu'extrêmement prévenu en faveur de Santeul, est forcé d'avouer » qu'il » n'a pas toujours parlé assez » correctement la langue dans la» quelle il écrivoit. « Il n'a pas ôté toutes les élisions, il en a mis rarement, mais plus qu'il n'auroit dû. *On a de lui un grand nombre de Poésies latines dans lesquelles on remarque le feu, le génie & les autres talens qui caractérisent les grands Poëtes.* „ Je crois „ dit M. l'Abbé de Lavarde, que „ Santeul, malgré ses talens ex„traordinaires, devoit donner „ le haut du pavé aux Rapins, „ aux Huets & aux Commires „ quand il les rencontroit.

SCALIGER (*Joseph Juste ou Jules*) pourquoi *Jules* ? Il ne s'appelloit point *Jules.* On a de lui un Traité *de Emendatione Temporum..... Il y a beaucoup d'ordre, de clarté, & une érudition immense.* De l'érudition, oui ; de l'ordre & de la clarté, non. " Scaliger dans „ son ouvrage de la correction „ des tems n'a pas été assez mé„thodique & ne s'est pas exprimé „ assez clairement, ce qui fait que „ peu de personnes sont en état „ de l'entendre „ C'est le jugement qu'en porte le P. Niceron d'après les meilleurs Critiques, jugement adopté par M. Chauffepié, &c.

SCHEDIUS, *célebre Poëte latin. Il passe pour un des meilleurs Poëtes latins que l'Allemagne ait produits.* On lui a rendu justice, dit M. de la Monnoie, en le traitant de mauvais versificateur. Il a fait *huit livres de Consolations.* Il falloit dire de considérations ou pensées, & non pas *de Consolations.*

SCHONÆUS. *C'est un des meilleurs Poëtes latins modernes.* C'est au contraire un Poëte fort médiocre.

SERRES (*Jean de*) *On a de lui une belle édition de Platon en Grec & en Latin.* La version latine de Platon par de Serres, est pleine de contresens. V. Jour. de Trev. Avril 1762, Tom. I.

TESTI, *célebre Poëte Italien. Le P. Rapin parle de Testi avec de grands éloges.* Il le loue sur certaines choses, mais il le blâme en d'autres. " On cesse, dit le P. „ Rapin, d'être naturel dès qu'on „ songe à avoir de l'esprit. C'est „ le défaut du Quevedo, du Gon„gora, du Preti & du Testi. „ Est-ce là un grand éloge ?

VALERE (*Maxime*) *Historien latin... Son ouvrage est curieux & bien écrit.* M. Ladvocat auroit pu se dispenser de juger du style des Auteurs latins ; car il se trompe quand il avance que l'ouvrage de Valere Maxime *est bien écrit.* Erasme dit que son style ressemble à celui de Ciceron, comme un mulet ressemble à un homme. Vossius assure que le style de Valere Maxime n'est nullement digne du siécle où l'on croit qu'il a vécu. Le P. Jouvenci trouve la diction de cet Auteur barbare en quantité d'endroits. Ces Ecrivains se connoissoient en style.

VALERIUS FLACCUS, *Poëte latin, dont nous avons un assez mauvais poëme en vers héroïques sur l'expédition des Argonautes.* Ce n'est pas ainsi qu'en juge M. Fabricius dans sa Bibl. Latine. Valerius Flaccus est, suivant ce savant Bibliographe, *verè Romani oris & spiritûs Poeta... atque inter Latinos uno fortassis minor Marone.*

VICTORIUS (*Pierre*) *On a de lui 38 livres de diverses leçons, ouvrage très-estimé.* Les savans en font peu de cas. Scaliger & M. Simon assurent que Turnebe renferme plus de choses dans un seul de ses livres en pareille matiere, que Victorius dans ses 38 ensemble. M. Ladvocat attribue à Victorius *des traductions latines des œuvres d'Euripide, de Sophocle & d'Hipparque.* On est persuadé qu'il n'a pas vu ces traductions.

CONTRADICTIONS.

J'ai déjà cité quelques exemples de Contradictions dans l'Article *Chronologie*, & ailleurs. Je suis persuadé qu'on ne trouveroit point de ces sortes de fautes dans M. Ladvocat s'il avoit suivi ses propres lumieres sans s'en raporter à celles des Autres, mais il a copié différens Ecrivains qui ont jugé différemment. Il a eu tort; il devoit mieux connoître ses forces & ne s'apuyer que sur lui-même. Pensant & raisonnant toujours d'une même façon & toujours bien, il eût emporté tous les suffrages.

A

ACHAB Roi *d'Israël.... 850 Prophêtes furent mis à mort*; mais à l'Article ELIE il ne s'en trouve plus que 450, & dans ce même Article d'Elie, M. Ladvocat apelle le *Roi de Syrie Aminadab.* Il s'apelloit pourtant Benadab.

ANNE, *mere de Samuel..... né vers 1124 avant J. C.* mais au mot SAMUEL, M. Ladvocat dit qu'il *naquit vers 1155 avant J. C.*

ARBACES *gouverneur des Medes, se révolta & fut proclamé Roi des Medes*, & au mot DEJOCES : *Il s'empara du Royaume des Medes, & bâtit Ecbatane.* Cela a grand besoin d'explication.

ARTAXERXES. *Mnemon succéda à Darius son frere 409 av. J. C.* mais au mot DARIUS II, on dit qu'il *mourut 405 av. J. C.* & qu'*Artaxerxes Mnemon lui succéda.* Cela se contredit. On trouve encore les mêmes contradictions entre ARTAXERXES *Mnemon &* ARTAXERXES *Ochus*; entre ASA & JOSAPHAT; entre CHILDEBERT III & THIERRI I.

CUMBERLAND. *Il soutint des Theses emportées contre la doctrine de l'Eglise Romaine, sous le regne de Charles II. Il se modéra un peu sous celui du Roi Jacques; mais à l'avenement de Guillaume III à la Couronne, Cumberland recommença à déclamer contre les Catholiques...... Il étoit naturellement doux, humble & pacifique.* Cela n'est pas aisé à concilier.

INNOCENT III. *C'est lui qui est Auteur de la belle Prose, Veni Sancte Spiritus.* Il ne falloit donc pas dire à l'Article HERMAN, *Moine de Richenou : C'est à lui qu'on attribue...... la Prose, Veni Sancte Spiritus.*

L

LACHESIS *est celle des trois Parques qui tenoit le fuseau de la vie ; Clotho sa sœur le filoit* : mais au mot PARQUES : *Clotho tenoit la quenouille , Lachesis tournoit le fuseau*. Cela ne s'accorde pas. M. Ladvocat a tort de dire au mot *Lachesis*, que Clotho filoit. Comment auroit-elle filé pendant que Lachesis auroit tenu le fuseau ?

LALANNE (*Pierre*) M. Ladvocat attribue ici *à Mademoiselle d'Aunoi le Recueil des plus belles pieces des Poëtes François*. Mais il a dit à l'Article FONTENELLE : *c'est lui qui donna le Recueil des plus belles pieces des Poëtes François..... 1692. 5 vol. in-12*, & M. L'Abbé Trublet assure que ce Recueil est de M. de Fontenelle. M. Ladvocat devoit écrire Madame & non pas *Mademoiselle d'Aunoy* car son nom de fille étoit Jumel de Berneville , & non pas *Jumelle* comme il écrit au mot AUNOY.

M

MAISIERES : *On lui attribue le songe du Vergier , mais il est plutôt de Charles de Louvieres*. Au mot LOUVIERES. *Il y a lieu de douter que le songe du Vergier soit réellement de cet Auteur*. Au mot PRESLE. *Il y a de fortes raisons de croire qu'il est Auteur du songe du Vergier*.

MARTIAL, *Poëte latin. Il nous reste de lui 14 livres d'Epigrammes*. Cela est vrai, mais M. Ladvocat sans y penser, va le rendre faux. *On lui attribue encore un livre des Spectacles ou de l'Amphithéâtre , mais les plus Savans Critiques pensent que cet ouvrage n'est point de Martial non plus que deux autres intitulés Xenia & Apophoreta*. Les *Xenia* & *Apophoreta* forment les treize & quatorze livres des Epigrammes de Martial ; M. Ladvocat ne prend pas garde qu'en les lui ôtant il ne reste plus quatorze livres d'Epigrammes , mais seulement douze. Il a tort de suspecter les deux derniers livres , car selon Vossius très-savant Critique : *Non dubium est quin Martialis sint XIV Epigrammatum libri, quorum duo postremi Xeniorum & Apophoretorum libri dicuntur*. Le livre des Spectacles est aussi de Martial , mais on y a ajouté postérieurement quelques Epigrammes.

MELANION *vainquit à la course la belle Atalante que son pere Jasius avoit promise en mariage à celui qui la devanceroit*. M. Ladvocat renvoie au mot ATALANTE , sans s'imaginer qu'il aide par-là le Lecteur à découvrir ses contradictions ; car dans cet Article où il renvoie , il fait Atalante fille de Schenée , il assure qu'elle fut vaincue par Hippomene , & il finit en disant *qu'il y a une autre Atalante fille d'Iasius louée par Saint Jerome pour sa vertu & sa chasteté*. M. Ladvocat a copié Moreri ; il auroit bien mieux fait de copier la Dissertation de Lilio Giraldi sur les Atalantes.

MEMNON *fils de Tithonus*. Voyez ce que j'ai dit page 13.

MIERIS, *Peintre, mourut en 1681*, & au mot MIRIS , *il mourut en 1683*, c'est le même. La date de 1683 est la meilleure.

MILTON. *Il ne fut point inquiété ni recherché après le rétablissement de Charles II... Il obtint des Lettres d'Abolition & ne fut soumis qu'à la peine d'être exclus des Charges publiques*. Est-ce bien là n'être point inquietté ni recherché ? Il est certain du moins qu'il le fut & qu'il n'évita que par le crédit de ses amis le suplice qu'il méritoit.

O

OVIDE. *Les Métamorphoses sont son chef-d'œuvre... Il excelle*

excelle sur-tout *dans les Elégies.* Les Métamorphoses ne sont pourtant pas des Elégies. Elles ne sont pas non plus le chef-d'œuvre d'Ovide qui s'y égare souvent faute de jugement, suivant le P. Rapin, qui regarde les Fastes comme son chef-d'œuvre. Les Métamorphoses sont un ouvrage de sa jeunesse auquel il n'a pas mis la derniere main. Ses Héroïdes sont ce qu'il y a de plus fleuri dans les ouvrages purement d'esprit.

P

PACORUS, *Roi des Parthes, succéda à son frere Mithridate.* Mitridate n'étoit point frere, mais oncle de Pacorus, & Pacorus ne lui succéda point, ce fut Orodes. *Orodes*, dit M. Ladvocat à son Article, *succéda à son frere Mithridate.* Il ne s'en est pas souvenu. Pacorus ne fut jamais Roi des Parthes, il mourut avant son pere. M. Ladvocat assure qu'*il y a eu plusieurs autres Rois des Parthes du nom de Pacorus.* Il se trompe, il n'y en a eu qu'un seul qui étoit fils de Vologese, & qui régnoit du tems de Trajan.

PALAMEDES. *On lui attribue le jeu des Echecs, celui des Dez*; mais au mot SHEHSA M. Ladvocat dit *que Shessa inventa les Echecs.* Ce Shehsa n'auroit pas eu besoin de grands efforts d'imagination pour inventer un jeu inventé plus de 1500 ans avant par Palamedes.

R

RHODOPE, *fameuse Courtisanne, fut Esclave avec Esope. Xanthus l'acheta de Charax, Marchand de Mitilene, frere de Sapho, & lui donna la liberté.* C'est tout le contraire; ce n'est pas Xanthus qui acheta Rhodope de Charax, mais c'est Charax qui l'acheta de Xanthus. M. Ladvocat se contredit, car il dit que Rhodope fut esclave avec Esope; il ne prend pas garde que c'étoit chez Xanthus qu'Esope étoit esclave.

ROY (*Guill. le*) *On a de lui la Solitude Chrétienne en 3 vol. in-12.* M. Ladvocat a déjà dit à l'Article MAISTRE (*Louis Isaac le*) *On a de lui la Solitude Chrétienne en 3 vol. in-12.* Il s'est trompé & il se contredit. Cet Ouvrage est réellement de Guill. le Roi.

RUBEN, *fils aîné de Jacob, naquit 1751 an av. J. C.* mais M. Ladvocat dit au mot SIMEON, *second fils de Jacob*, qu'*il naquit vers 1757 avant J. C.* Suivant ces dates le puîné seroit venu au monde six ans avant l'aîné.

S

SLEIDAN. *On a de lui une Histoire in-folio. Elle est bien écrite exacte & très-estimée, mais il y fait paroître trop de partialité en faveur des Protestans.* Elle n'est donc pas *exacte.* Elle n'est pas non plus *très-estimée* par plusieurs Savans. L'un d'eux a reproché à Sleidan onze mille faussetés. M. Ladvocat dit que *la meilleure édition est de 1553.* C'est une édition imaginaire. La premiere édition est incontestablement de 1555. *Les Protestans*, ajoute M. Ladvocat, *ont fait des retranchemens considérables dans celles qui ont paru depuis.* „ Il est faux, dit le „ P. Niceron, qu'on ait retranché „ quelque chose dans les Editions „ de Sleidan. “ M. Ladvocat attribue encore à Sleidan *un excellent Abregé de l'Histoire Ancienne & Moderne.* Cet Abregé n'est point de Sleidan & n'est point excellent.

T

TIMOTHÉE (*S.*) *Disciple de Saint Paul, fut lapidé à Ephe-*

se vers l'an 109 *de J. C.* M. Ladvocat a dit sur saint JEAN *Apôtre*, qu'*il mourut vers* 101 *de J. C.* mais il est constant par les Actes du martyre de saint Timothée qu'il fut lapidé plusieurs années avant la mort de saint Jean l'Evangéliste. M. Ladvocat devoit donc mettre comme M. de Tillemont la mort de saint Timothée à l'an 97 de J. C.

V

VILLEFORE. *On lui attribue la Traduction des Actes des Martyrs en* 2 *vol. in*-8o. M. Ladvocat a déjà attribué cette Traduction à DROUET de Maupertuy, & elle en est en effet.

Z

ZACHARIE, *Roi d'Israel, succéda à son pere Jeroboam II* 773 *ans avant* J. C. mais M. Ladvocat dit à l'Article JEROBOAM II, qu'*il mourut* 784 *ans avant* J. C. & que *Zacharie son fils lui succéda.* M. Ladvocat n'est pas d'accord avec lui-même.

BÉVUES CONSIDÉRABLES.

Je n'aurois jamais osé employer le terme de Bévues, en parlant du Dictionnaire de M. l'Abbé Ladvocat s'il ne l'avoit employé lui-même contre l'Auteur Anonyme du Dictionnaire en six volumes in-8°. J'avouerai volontiers que M. Ladvocat s'en est servi plus heureusement, parce qu'il avoit plus de bévues à relever dans l'Ouvrage qu'il critiquoit; mais il ne les a pas relevées toutes, ni même les plus considérables. Il n'a point connu celles dont je parlerai ci-dessous aux mots GOUDELIN, SAUTEL, &c. car il se seroit bien gardé de les insérer dans son propre Dictionnaire, il les eut laissées dans le Dictionnaire Anonyme: c'est leur véritable place. Cette informe compilation en six volumes ne méritoit pas l'honneur d'être critiquée par le savant Bibliothecaire de Sorbonne. Je n'en dirai rien de plus.

B

BACURIUS *ou Baturius, Roi des Iberiens.* M. Ladvocat, comme Morcri son modéle, confond ici Bacurius qui raconta à Rufin la conversion du Roi des Iberiens 50 ans après cet évenement avec le Roi même des Iberiens converti par une femme captive dont M. Baillet a donné la vie au 15 Déc.

C

CATON *le Censeur...... Il avoit épousé Salonia fille d'un de ses Domestiques, dont il eut un fils qui fut aussi Censeur & qui se signala sous Paul Emile dans la guerre de Macédoine.* Il y a ici plusieurs erreurs, car 1°. Salonia ne fut que la seconde femme de Caton le Censeur qui avoit épousé en premieres nôces Licinia. 2°. Ce n'est point de Salonia, mais de Licinia que Caton eut un fils qui se signala sous Paul Emile. Ce fils s'apelloit Cato Licinianus, & il avoit épousé Emilie, fille de Paul Emile, avant que son pere eût épousé Salonia. On voit par-là que M. Ladvocat est tombé dans une faute grossiere. Le fils de Caton & de Salonia s'apelloit Cato Salonianus, & il donna le nom à la branche des Catons Saloniens, comme Caton Licinien à celle des Catons Liciniens. Cela est expliqué très-clairement dans le Livre *de Republicâ Romanâ* du P. Cantel, livre excellent & qu'on devroit mettre entre les mains des jeunes gens préférablement à quantité d'autres où ils ne peuvent puiser que de fausses notions. On peut encore consulter Plutarque dans la vie de Caton & Bayle dans son Dictionnaire. 3°. M. Ladvocat dit que le fils de Caton *fut aussi Censeur*. Il parle sans doute de Caton fils de Salonia, puisqu'il n'en connoît point d'autre, mais Pighius dans ses *Annales Romanorum* ne marque point que ce Caton ait été Censeur & le fils de Licinia mourut Préteur du vivant de son Pere. 4°. Caton le Censeur *composa*, suivant M. Ladvocat, *des ouvrages qui se sont perdus*. Il suppose donc qu'il n'en reste aucun & il se trompe encore, car il reste de lui *De Re Rusticâ*, imprimé plusieurs fois séparément, & très-souvent avec les Traités de Varron, de Columelle & de Palladius sur la même matiere. Il y a plus, on a encore les fragmens des *Origines* de Caton recueillis par Ricobon. On avoue que ceux qui ont été publiés par Annius de Viterbe sont supposés. 5°. M. Ladvocat dit que Caton *apprit le Grec dans sa vieillesse*. " C'est ce qu'il ,, ne faut point dire, suivant M. ,, Bayle, ou bien il faut rejetter ,, le témoignage d'Aurelius Vic- ,, tor. En effet, Caton dans sa vieillesse n'auroit apris le Grec, dit un célebre écrivain " que pour ,, être en état de faire des haran- ,, gues Grecques dans l'autre mon- ,, de. Auroit-il craint que Minos ,, & Rhadamante qui étoient Grecs ,, n'entendissent pas le Latin ?

G

GADDO GADDI (*Ange*) *fameux Peintre de Florence, étoit de Thadée*. Il étoit de Florence, il s'apelloit Thadée, & non pas *Ange*. M. Ladvocat prend le nom de Baptême de ce Peintre pour le lieu de sa naissance, & il lui donne le nom d'Ange qui étoit le nom de son fils, dont il parle ensuite sans le connoître pour fils de Thadée.

GIRALDI (*Lilio Gregorio*) *C'est lui qui inventa les 30 nombres de l'Epacte & qui composa un Traité pour la réforme du Calendrier qui fut suivie par Gregoire XIII*. ,, Moreri fait une plai- ,, sante bévue, dit M. Bayle, ,, quand il confond l'Aloisius ,, Lilius qui a trouvé les nom- ,, bres épactaux avec Lilio Gre- ,, gorio Giraldi. ,, M. Ladvocat est tombé tout de son long dans la plaisante bévue de Moreri qu'il copie ordinairement sans examen, & il n'est gueres plus exact à l'Article de GREGOIRE XIII, ou il dit que ce Pape *adopta le systême de Louis Letio Médecin* sur la réformation du Calendrier.

GODEFROY (*Denis*) M. Ladvocat dans cet Article parle de *Jacques Godefroy, né à Geneve en 1587 & mort en 1652*; & il lui attribue les *Commentaires sur la Coutume réformée du Duché & Pays de Normandie, 2 vol. in-fol.* C'est une grande erreur encore puisée dans le Moreri. Godefroy de Geneve n'entendoit point la Coutume de Normandie & il ne l'a point commentée. M. Ladvocat le confond avec Jacques Godefroy de Carentan, mort 28 ans avant Godefroy de Geneve. Son commentaire sur la Coutume de Normandie fut imprimé en 1626 aprés sa mort en un seul volume in-folio, On l'a joint en 1684 aux Commentaires de d'Aviron & de Berault, & c'est ce qui forme 2. vol. in-fol.

GOUDELIN *ou* Goudoli, *célebre Poëte Gascon...... Son Poëme intitulé Lasobros qu'il fit après la mort de Henri le Grand est un des plus estimés. Le P. Vaniere l'a traduit en vers latins.* Il y a ici une plaisante bévue. Las Obros en Gascon comme Las Obras en Espagnol signifie les Œuvres. On lit au frontispice du Goudelin : Las Obros de Pierre Goudelin ; & à la fin du volume, il y a un Dictionnaire de la langue Toulousaine, ou le mot Obro est expliqué par le mot françois Œuvre. Le Poëme sur la mort de Henri IV, traduit par le P. Vaniere, est le premier des Poëmes de Goudelin, & il est intitulé : Prumiero Floureto a l'huroso memorio d'Henric le Grand. Il est probable que M. Ladvocat n'a pas vu par lui-même le Poëme qu'il intitule mal-à-propos *Lasobros.*

GUI DE PERPIGNAN...... *fut Général des Carmes, ce qui lui fit donner aussi le nom de Carmélite.* C'est encore une bévue. Les Bibliographes latins disent : *Guido Carmelita*, mais cela signifie en françois Gui le Carme, & non pas Gui le *Carmélite.*

H

HYGIN, *Grammairien. On lui attribue des Fables & un Astronomicon Poëticon.* M. Ladvocat n'a pas pris garde que ces deux derniers mots sont un génitif plurier grec. Le frontispice d'Hygin porte : *Poëticon Astronomicon Libri quatuor.*

M

MICHOL, *fille de Saul..... Michol est la seule à qui l'Ecriture Sainte donne le Titre de femme de David.* Je ne comprends point comment un Professeur de Sorbonne peut avancer cela ; car on lit à la fin du vingt-sixieme chapitre de premier livre des Rois : *Abigail...... Secuta est nuntios David & facta est illi uxor, sed & Achinoam accepit David de Jezrael & fuit utraque uxor ejus. Saul autem dedit Michol filiam suam uxorem David.* Voilà dans le même endroit Abigail & Achinoam apelées femmes de David aussi-bien que Michol. Ne lit-on pas encore, *de Eglâ uxore David*, liv. 2 des Rois ch. 3 ; & au ch. 12 : *Consolatus est David Bethsabee uxorem suam ?* Il est inutile de citer un plus grand nombre de passages.

MINOS I, *Roi de Crete, eut un fils nommé Lycaste duquel naquirent Minos II, Sarpédon & Radamanthe qui exercérent la justice avec tant de sévérité que cela donna lieu à la fable de les regarder comme Juges des Enfers.* Les trois Juges des Enfers ont été jusqu'à present Minos, Eaque & Rhadamante. On ne sçait pourquoi M. Ladvocat met Sarpédon à la place d'Eaque : ce nouvel arrangement ne subsistera pas.

MIZAUD. *Mascurat l'a très-bien peint dans ce vers*

Quælibet, &c.

M. Ladvocat prend ici Mascurat pour le nom d'un Poëte. Il a grand tort, car c'est le nom qu'on donne à l'ouvrage de Gabriel Naudé intitulé : Jugement de tout ce qui a été imprimé contre le Cardinal Mazarin. Cet ouvrage est en Dialogues, & Mascurat, c'est-à-dire, Camusat Libraire, s'y entretient avec Saint Ange, c'est-à-dire, Naudé.

N

NARCISSE...... *Les Dieux le changerent en un fleuve de son nom.* Ils le changerent en une fleur & non pas en un fleuve.

Œ

ŒNOMAUS, *Roi de Pise & fils de Mars & d'Elide.* M. Ladvocat prend ici une ville pour une femme. Œnomaus étoit Roi de Pise & d'Elide, & il étoit fils de Mars & d'Asterope ; ainsi M. Ladvocat ne se trompe pas moins que s'il eut dit que Romulus etoit fils de Mars & de Rome.

P

PHAINUS, *ancien Astronome Grec, natif d'Elide.* C'est une bévue tirée du Moreri. Deux mots Grecs d'Aratus mal interprétés y ont donné lieu. Ceux qui les ont rendus par les mots latins *Phaini Elei*, devoient les rendre par les mots *Splendidi Solis.* V. Uranolog. Petav. l. 6. c. 9. Fabric. Bib. Gr. l. 3. c. 5.

PICCOLOMINI (*Alexandre*) *Il composa un grand nombre d'ouvrages dont les principaux sont une Philosophie morale & des Remarques sur la Rhétorique de Pianetti.* Il est évident que M. Ladvocat a pris le mot Italien *Pianetti*, qui signifie les sept Planettes pour un Rhétoricien. On lit dans le Moreri de M. Le Clerc, dans le Dictionnaire de M. Bayle, dans Teissier sur les Eloges de M. de Thou & ailleurs, que Piccolomini a composé *La Theorica de Pianetti.* Cela signifie assurement la Théorie des Planettes, & Simler dans sa Bibliotheque a rendu le Titre Italien par les mots latins *Commentarius in Theoricas Planetarum* ; mais M. Ladvocat ecrit avec tant de précipitation, qu'il a vu *Rhetorica*, ou il y a *Theorica*, & un Ecrivain nommé *Pianetti*, où il devoit voir les sept Planetes. Il a raisonné conséquemment ; il a dit, Piccolomini n'a pas composé la Rhétorique de Pianetti ; il a donc fait des Remarques dessus, & il nous donne, sans balancer, des *Remarques sur la Rhétorique de Pianetti.* Il dit au mot Ciampini que cet Auteur *a fait une bévue plaisante qui montre combien on risque quand on veut emprunter quelque chose d'une langue qu'on n'entend pas bien.* Il a raison, & cela me fait souvenir d'un Abregé de la Bible par demandes & par réponses, imprimé à Paris en 1704. L'Auteur y prend pour un brave guerrier le mot Hebreu *Silboleth*, qui signifie un Epi, au ch. 12 des Juges, & il s'exprime ainsi :

D. » *Par qui Sibbolet fut-il égorgé ?*

R. » *Par ceux de Galaad qui étoient les gens de Jephte.*

PRYNN, *savant Jurisconsulte Anglois.* " Ce n'étoit, dit M. Collins, qu'un petit barbouilleur factieux. *On a de lui la vie des Rois Jean, Henri VII & Edouard I.* Point du tout. Prynn a seulement fait des remarques sur les Institutes des Rois Jean, Henri III & non pas *Henri VII* & Edouard I. *L'Histoire de Guillaume Cardinal.* M. Ladvocat a vu quelque part *Vita Guillelmi Cantuariensis*, cela signifie Guillaume Laud, Archevêque de Cantorbery, qui n'a pas été & qui ne pouvoit être Cardinal.

S

SAUTEL...... *On estime sur-tout son Elégie sur une Mouche tombée dans une terrine de lait...... Le bruit & la querelle des Mouches.* 1°. M. Ladvocat devoit dire ses Elégies & non pas son Elégie, car il en cite cinq, & il pouvoit en citer davantage, comme le combat de la Rose & de la Violette ; Narcisse, &c. 2°. C'est en parlant des Feux sacrés de la Magdelaine qu'il cite ces Elégies, ce qui est hors de propos, car elles sont partie des Jeux Poëtiques Allégoriques, & non pas des Feux sacrés de la Magdelaine. 3°. M. Ladvocat dit que ce dernier ouvrage *est imprimé avec les Jeux Poëtiques.* Cela est vrai à l'égard d'une seule édition, & faux à l'égard des autres. 4°. L'Elégie que M. Ladvocat apelle le bruit & la querelle des Mouches est intitulée : *Querela Muscarum*, ce qui signifie la plainte des Mouches & non pas *le bruit & la querelle.* Une Mouche se plaint dans cette Elégie des maux que les enfans, les gens oisifs, les Araignées & les autres ennemis des Mouches leur font. Ce petit Poëme est entierement dans le goût du Poëme intitulé *Nux*, qu'on attribue à Ovide. Il est évident que M. Ladvocat parle de beaucoup de livres qu'il n'a point lus.

SOSIGENE *inventa la Période Juliene qui commence l'an 45 av. J. C.* La Période Julienne fut inventée plus de 1500 après Sosigene par Joseph Scaliger. M. Ladvocat confond l'Année Julienne avec la Période Julienne.

STOFLER *naquit en 1452.... Il avoit annoncé la fin du monde pour l'année 1586.* " Il est faux, dit „ M. Bayle, que Stofler ait pré- „ dit rien de semblable pour l'an- „ née 1586. *Mais*, ajoute M. Ladvocat, *il mourut le 16 Fev. 1531 avant que de se voir démenti par l'évenement.* Cette phrase est singuliere. Quand Stofler né en 1452 auroit prédit quelque chose pour l'an 1586, pouvoit-il se voir démenti par l'évenement ? Il auroit eu alors 134 ans.

V

VIETE (*François*).. *Adrien Romain ayant proposé à tous les Mathématiciens de l'Europe un probleme difficile, Viete en donna la solution & y ajouta ce qu'il avoit fait sur Apollonius Gallus.* M. Ladvocat prend bonnement ici *Apollonius Gallus* pour un Auteur réel sur lequel Viete avoit écrit, mais c'est un masque ou nom de guerre que Viete lui-même prit à la tête d'un Traité qu'il composa sur Apollonius de Perge. En voici le Titre : *Apollonius Gallus seu resuscitata Apollonii Pergæi Geometria. Paris 1610 in-4°.*

VILLIERS (*Pierre de*) *mort en 1728. On a de lui un Recueil de dissertations sur plusieurs Tragédies en 1740 in-12.* Comment un homme mort en 1728 a-t-il donné un ouvrage en 1740 ? Ce Recueil en 2 vol. in-12 ne peut pas être & n'est pas en effet de l'Abbé de Villiers : Il est de l'Abbé Granet qui a inséré dans ce livre quelques pieces de l'Abbé de Villiers. Voilà ce qui a trompé M. Ladvocat.

FAUTES DE TOUTE ESPECE.

J'ai rangé sous cette Classe plusieurs fautes dont j'aurois pu parler ailleurs ; je me suis épargné le soin d'examiner qu'elle étoit précisément la place de quelques autres, & la plûpart n'en avoient point de fixe. Vous avez dû vous apercevoir, Monsieur, que j'ai placé ordinairement dans un même endroit toutes les fautes d'un même Article, quoique de différente espece. La principale a attiré les autres. J'ai évité par ce moyen la répétition fréquente du commencement des Articles, qui eut allongé l'ouvrage inutilement. Je rends compte de ce procédé, afin qu'on ait un reproche de moins à me faire. M. Ladvocat ne m'en fera pas sur le titre, *Fautes de toute espece*, car ces termes sont de lui ; il trouvera assez d'autres choses à reprendre.

Je n'ai garde de me croire infaillible lorsque je vois qu'il ne l'est pas.

Je dois prévenir ici une objection qu'on ne manquera pas de me faire. On dira qu'il falloit suivre pas à pas M. l'Abbé Ladvocat, & ne point employer de divisions qui troublent l'ordre Alphabétique. J'entends : il falloit opposer Dictionnaire à Dictionnaire. J'avoue que c'étoit mon premier dessein, mais les Dictionnaires nouveaux (j'excepte l'Historique Portatif) sont si décriés parmi les Savans, que je n'ai pas voulu en augmenter le nombre. D'ailleurs les fautes se font mieux sentir & deviennent plus palpables par la méthode que j'ai suivie. Le chemin que j'ai pris n'est ni le plus court ni le plus aisé, mais il ne s'éloigne pas beaucoup de celui que je n'ai pas voulu prendre, car l'ordre Alphabétique étant observé dans chaque division, il est aisé de s'en former un Dictionnaire, & de mettre mes Articles vis-à-vis ceux de M. Ladvocat.

A

ABDIAS *de Babylone...... Lazius trouva le Manuscrit de son ouvrage dans une Caverne de Carinthie.* Il le trouva dans le Monastere d'Ossiack en Carinthie. C'est ce que M. Ladvocat après le Moreri apelle *une Caverne*, parce qu'il a plu à Bayle de s'exprimer ainsi. V. Oudin *de Scrip. Eccl.*

ABIA, *Roi des Parthes.* Il n'y a jamais eu d'Abia Roi des Parthes, cet Abia étoit Roi des Arabes. Le Roi des Parthes de ce tems-là s'apelloit Vologese.

AJAX, *fils de Telamon & Roi de Salamine.* Ajax ne fut jamais Roi de Salamine. Il se tua pendant le Siege de Troye & Telamon son pere lui survécut.

AMPHICTION...... *Cælius dit que ce Prince apprit le premier aux hommes à tremper leur vin.* 1°. On ne cite jamais Rhodigin dont il s'agit ici sous le seul nom de *Cælius.* 2°. Rhodigin ne dit point qu'Amphiction aprit aux hommes à tremper leur vin ; il dit au contraire que ce fut le Dieu Bacchus qui aprit ce secret à Amphiction. 3°. M. Bayle assure, avec raison, que l'autorité de Rhodigin ne vaut gueres mieux que rien.

AMPHION, *fils de Jupiter & d'Antiope. Il y a eu plusieurs autres Amphions dont les principaux sont Amphion, surnommé Dircéen.* C'est le même que le fils de Jupiter & d'Antiope. *Amphion excellent Peintre ; Pline en parle liv. 36, lisez liv.* 35. Le Texte de Pline est corrompu, il faut y lire Echion au lieu d'Amphion. *Amphion, fils d'Acostor*, lisez Acestor, *dont parle Pausanias, liv* 19. Il n'y a que dix livres dans Pausanias. *Amphion affranchi de Quintus Catulus, Pline en parle liv.* 36, lisez liv. 35. S'il y a tant de fausses citations dans un seul Article, combien y en aura-t-il dans les deux gros volumes de M. Ladvocat ?

ANTIOCHUS, *le Dieu, Roi de Syrie, succéda à son pere Antiochus Soter.* Antiochus Soter n'étoit pas le pere, mais le frere d'Antiochus le Dieu. V. Mém. de l'Acad. des Inscr.

ANTIPHILE, *cél. Peintre, rival d'Apelles, se fit admirer par le portrait d'un jeune garçon qui en se baissant soufloit le feu pour l'allumer.* M. Ladvocat confond ici les deux Antiphiles ; celui qui fit le portrait du jeune garçon n'étoit point le rival d'Apelles, ce n'étoit qu'un Peintre du second rang.

ANTIPHON, *célebre Orateur Athénien, surnommé le Rhamnusien... Il eut Thucidide pour disci-*

pſe. Photius dit au contraire qu'il eut Thucydide pour Maître. „ Les „ uns auſſi le font mourir d'une „ façon, les autres d'une autre. „ Ce ſont, je crois, ces contra- „ dictions qui ont déterminé Voſ- „ ſius, encore plus qu'un paſſa- „ ge d'Hermogene, à diſtinguer „ deux Antiphons, l'un de Rham- „ nus plus ancien que Thucydide, „ l'autre poſtérieur. V. M. Gedoyn dans ſa Traduction du jugement de Photius ſur les dix Orateurs. Il nous reſte ſeize Oraiſons d'Antiphon. M. Ladvocat n'en dit rien. Voyez Fabricius, Bibl. Grecq. Il y parle d'onze Antiphons.

APIEN (*Philippe*) *On a de lui un Traité ſur les Ombres.* Ce prétendu Traité ſur les Ombres eſt un Traité des Cadrans Solaires.

ARCHIMEDE. *Il fit une ſphère de verre dont les cercles ſuivoient les mouvemens de ceux du Ciel avec une régularité admirable.* Il ne falloit rien moins qu'une régularité admirable pour conſerver des cercles de verre en mouvement, car s'ils s'étoient choqués ils n'auroient pas manqué de ſe briſer. Athenée raporte dans ſon liv. 5. chap. 8 qu'Archimede fit pour Hieron un Navire qui contenoit dix écuries, huit tours, des ſalles à manger, pluſieurs chambres pavées d'agathe & de pierres précieuſes, des réſervoirs, des jardins, des bains, un temple de Vénus, une bibliotheque, &c. Il faut lire la deſcription de ce Navire dans Athenée pour en avoir une juſte idée, c'eſt-à-dire, pour n'en rien croire. Archimede, *par l'invention de ſes Machines, prolongea long-tems*, dit M. Ladvocat, *le ſiege de Syracuſe contre Marcellus. On dit même qu'il trouva le moyen de brûler les vaiſſeaux de ce Général avec des miroirs ardens.* Archimede étoit trop éloigné des Vaiſſeaux de Marcellus pour pouvoir les brûler avec ſes *Miroirs ardens*, & M. Ladvocat devoit aſſurer ſans héſiter que l'hiſtoire de ces Miroirs eſt une fable & une erreur populaire. Voy. Brown, Eſſai ſur les Erreurs Populaires. M. l'Abbé Ladvocat raporte pluſieurs autres traits fabuleux qui n'ont pour fondement dans ſon Dictionnaire que des *On dit.* Je lui rends juſtice, je ſçai qu'il ne garantit pas ces *On dit*, mais comme il écrit pour de jeunes gens, il doit fixer le degré de croyance dû aux faits qu'il raporte : il doit parler ſans ambiguité. Quel parti prendra un jeune homme quand il aura lu dans l'Article BELISAIRE : *On dit qu'en 561 ce grand homme ayant été accuſé de conſpirer contre Juſtinien, ce Prince lui fit crever les yeux, mais d'autres diſent qu'il fut rétabli dans ſes dignités ?* M. Ladvocat n'auroit-il pas mieux fait d'aſſurer que l'hiſtoire de Beliſaire aveugle & demandant l'aumône, eſt une fable & une erreur populaire ? Voy. Brown dans l'Ouvrage cité ci-deſſus. Autre *on dit*, à l'Article ESCHYLE, *Poëte tragique : On dit qu'il mourut à la campagne ; un Aigle ayant pris ſa tête chauve pour un rocher & y ayant laiſſé tomber une tortue ; mais ce recit a l'air d'une fable.* M. Ladvocat pouvoit aſſurer que c'eſt une pure fable & une erreur populaire, car l'Aigle a la vue trop perçante pour ſe tromper ſi lourdement. Voy. Brown. Autre à l'Article FABIUS MAXIMUS RULLIANUS : *La famille des Fabiens entreprit à ſes dépens la guerre contre les Veiens & 306 Fabiens périrent dans cette guerre à la journée de Cremera... On dit qu'il n'en reſta qu'un ſeul... Mais Denys d'Halicarnaſſe traite de fable cette guerre raportée par Tite-Live.* M. Ladvocat ſe trompe ; ce n'eſt point la guerre raportée par Tite-Live, c'eſt c'est l'*On dit que de 306 Fabiens il n'en resta qu'un seul*, que Denys d'Halicarnasse traite de fable & d'erreur populaire. V. Brown. M. Ladvocat a donné un Article de Thomas Brown, mais il ne parle point de ses Erreurs Populaires. C'est pourtant, selon le P. Niceron, un Ouvrage excellent. Il a été traduit en françois par l'Abbé Souchay, & imprimé à Paris & à Amsterdam en 1733 en 2 vol. in-12.

ARETE *mere d'Aristippe le Philosophe*. Aristippe le Philosophe est le grand Aristippe. Arete n'étoit pas sa mere, mais sa fille.

ARSINOE. *Une mariée à Ptolomée Philadelphe, une autre épouse de Magas...... Une troisieme sœur de la premiere & femme de Lysimachus*. Cette troisieme est la même que la premiere. Elle épousa successivement Lysimachus, Ptolomée Ceraune & Ptolomée Philadelphe. V. Prideaux. Ubbo Emmius, &c.

AULUGELLE *vivoit à Athenes sous Adrien*. Il étoit de Rome, il vécut à Rome & mourut vers le commencement de Marc Aurele.

AUTON (*Jean*) *Prieur de l'Angle, ordre de S. Benoît...... mourut en 1523*. Il étoit Abbé de l'Angle & non pas simple Prieur. L'Angle est de l'Ordre de S. Augustin & non pas de S. Benoit. Il mourut en 1527. Si M. Ladvocat eut seulement jetté les yeux sur le frontispice de la vie de Louis XII qu'il cite, il eut évité plusieurs fautes.

B

BARBARO (*Daniel*) *Savant Patriarche d'Aquilée*. Il ne l'a jamais été, mais seulement Coadjuteur. *Il ne faut pas le confondre avec Daniel Barbaro qui publia des Commentaires sur Porphyre*. Il faut pourtant absolument confondre l'un avec l'autre, puisque c'est le même.

BERENICE *ou Calipatira, fille*. M. Ladvocat a confondu Callipatira avec Berenice. " Callipatira ,, & Berenice étoient, dit M. ,, Bayle, deux sœurs, filles du fa- ,, meux Athlete Diagoras.

BERENICE, *fille de Costobare, épousa Aristobule, fils d'Hérode..... Elle se remaria à un autre fils d'Hérode*. Point du tout; elle se remaria à Theudion, oncle d'Antipater fils d'Hérode.

BONGARS (*Jacques*) *Il a laissé d'excellens ouvrages, entr'autres des Lettres très-estimées*. C'est le contraire; les connoisseurs estiment fort peu ces Lettres. « Il » n'y a que du latin dans les let- » tres de Bongars, *prætereà nihil* dit Vigneul Marville, les lettres » de Busbec sont mieux remplies » & beaucoup plus utiles.

C

CAMILLE, *Reine des Volsques*. Camille ne fut jamais Reine des Volsques.

CARACALLA, *Empereur Romain...... à son arrivée à Rome il fit mourir les Médecins, parce qu'ils n'avoient pas abregé la vie de son Pere*. Ne s'imagineroit-on pas que Caracalla fit mourir tous les Médecins de Rome? Il n'y en fit pourtant mourir aucun. Ce fut avant de sortir d'Angleterre & immédiatement après la mort de son pere arrivée à Yorck que Caracalla fit tuer quelques Médecins qu'il n'avoit pu corrompre.

CASSIUS LONGINUS, *l'un des plus grands hommes de son siecle & l'un des meurtriers de Jules César.... C'est lui à qui on donna l'éloge de dernier des Romains*. » Cet éloge, dit M. Bayle, après » Plutarque, fut donné à Cassius » par son camarade Brutus lors- » que la nouvelle de sa mort lui

» fut aportée. Brutus étoit intéressé à louer ainsi son complice ; il lui revenoit une bonne part de la louange. M. l'Abbé Ladvocat à l'Article de ce BRUTUS, (*Marcus Junius*) dit qu'*il étoit libéral, vertueux, excellent Orateur & grand Philosophe.* Je sçais que Ciceron & plusieurs autres Romains ont fait passer Brutus pour *vertueux* ; mais je m'en raporte plus volontiers à Dion Cassius. « Cet » Historien ; dit M. Bayle, observe deux choses. 1°. Qu'une fureur de Scélérat s'empara de quelques-uns qui portoient envie à Jules César & les poussa à le tuer injustement. 2°. Qu'encore qu'ils alléguassent le beau prétexte de rétablir la liberté, leur action fut réellement impie & replongea dans les séditions un Etat qui commençoit à goûter les avantages d'une bonne administration. M. Crevier dans le quatorzieme volume de sa continuation de l'Histoire Romaine, par M. Rollin, décide fort bien que l'action de Brutus & de Cassius fut illégitime ; mais décide-t-il aussi bien que César étoit digne de mort ? *Je trouve dans ce fait*, dit-il page 400, *deux questions toutes différentes, l'une est de sçavoir si César méritoit la mort, l'autre si ceux qui la lui ont fait souffrir en avoient le droit ? Par raport à la premiere, je ne vois nulle difficulté*, & il met en marge : *On ne peut pas douter qu'il* (César) *ne fut digne de mort.* Non seulement j'en doute, mais je n'en crois rien. Il me paroit que M. Crevier a suivi l'Anglois Midleton dans sa vie de Ciceron ; j'aimerois mieux qu'il eut suivi l'Anglois Prideaux dans son Histoire des Juifs. « César, dit M. Prideaux, fut assassiné dans le Sénat. Ce fut une action des plus noires & des plus lâches, d'autant plus que les principaux acteurs avoient les dernieres obligations à César. Cependant on la fit passer pour une action héroïque qui avoit délivré le pays d'un Tyran, & il y a encore des gens aujourd'hui qui les en louent ; mais la Justice Divine s'est déclarée visiblement contre ces éloges, car elle poursuivit par une juste & remarquable vengeance tous ceux qui y avoient trempé & les fit tous périr peu de tems après de mort violente, & quelques-uns par leurs propres mains.

CELTES (*Conrad*) *Poëte latin...... a composé un Poëme sur les mœurs des Allemands, & un autre sur les Coutumes & la situation de Nuremberg.* M. Ladvocat se trompe, car l'ouvrage sur la Situation de Nuremberg n'est point un Poëme. Quoique Celtes fut Poëte il a beaucoup écrit en prose. Cet Article est fort superficiel. On peut consulter le tome seizieme du Pere Nicéron.

CHAMMELAI (*la*) *fameuse Actrice de la Comédie Françoise.* Il falloit écrire Champmeslé. Cet Article n'est point à sa place. Marie Desmares, née à Rouen, épousa Charles Champmeslé, & mourut en 1698 âgée de 57 ans. V. Hist. du Théâtre Franç. par M. Parfait, Tome 14.

CHANTEMERLE (*d'Heauville, Abbé de*) *Poëte François.* Il paroît que M. Ladvocat connoît peu cet Ecrivain. Il s'apelloit Louis le Bourgeois. Il étoit du Diocese de Coutances, & il est mort Doyen de l'Eglise d'Avranches en 1680. Il falloit donc le placer sous le nom de Bourgeois. M. Ladvocat voudroit-il être placé dans un Dictionnaire Histor. sous le nom de Chantemerle si on lui donnoit cette Abbaye ?

CHILDEBERT III, *fils de Thierri I & de Clovis III.* Childebert n'avoit pas deux peres ; il étoit fils de Thierri I & pere de Clovis III. Le reste de l'Article est peu exact.

CHRISTOPHORSON (*Jean*) *Savant Evêque de Chichester. Il étoit habile dans les langues & a traduit de Grec en latin Philon, Eusebe, Socrate, Theodoret, &c.* Cet éloge ne nous fera pas prendre Christophorson pour un bon Traducteur. Son style est rempli » de barbarismes, il est trop long » & composé de divers lambeaux » fort mal cousus, il brouille & » pervertit les périodes en voulant les remplir de mots & » d'expressions qui incommodent » d'ailleurs le sens de ses auteurs; » il coupe & tranche le sens à sa » mode en joignant ce qui est séparé dans ses originaux & dé» sunissant ce qui y est joint...... » Il ne savoit pas la critique & » n'avoit qu'une teinture fort » legere des Antiquités Romai» nes. C'est ce qui l'a fait man» quer dans la plupart des noms » des charges civiles & militai» res, & qui l'a souvent empê» ché de prendre le véritable sens » de ses auteurs. V. M. Baillet dans ses Jugemens des Savans. Il y raporte le jugement qu'ont porté M. de Valois, Huet, Hottinger, le P. Halloix, &c. sur Christophorson.

CORIOLAN...... *Les Romains éleverent un Temple dans le lieu où il avoit été mis à mort.* Point du tout. Les Romains éleverent un Temple à la Fortune féminine dans le lieu ou les Dames avoient triomphé de Coriolan à 4 milles de Rome. La ville d'Antium, où Coriolan fut tué, apartenoit aux Volsques. Les Romains n'avoient pas droit d'y élever un Temple.

CORNELIE (*Maximille*) *Chaste & vertueuse vestale que Domitien fit enterrer toute vive.* Suétone assure qu'elle avoit été convaincue d'inceste. Comment M. Ladvocat sçait-il qu'ell eétoit chaste & vertueuse?

CRASSUS PADUANUS *ou* CRASSO. *Savant Religieux Franciscain.* Il ne s'apelloit ni Crassus ni Crasso, mais Grassus ou de Grassis, ainsi on a estropié son nom, & cet Article est fort mal placé. Voyez l'Apparat de Possevin & la Bibliotheca Napoletana de Toppi.

CYBELE. *Tous ses Prêtres étoient Eunuques.* Il s'en falloit assurément plus de la moitié, car quelques-uns seulement se rendoient Eunuques. V. Mém. de l'Acad. des Inscript.

CYLABARE, *Roi d'Argos, succeda à son pere Stenelus & réunit par succession les trois parties de ce Royaume qui avoit été partagé en trois Souverainetés vers 1312.* Je fais grace à l'Epoque de 1312 pour en venir au fait principal. Ce *Cylabare* est un Roi imaginaire. Il est vrai que Pausanias dit que Cylarabis, fils de Stenelus régna après son pere; mais peu après il détruit lui-même ce qu'il venoit d'avancer, car il assure comme tous les autres historiens que ce fut Gelanor, fils de Stenelus, qui lui succéda & que ce Gelanor fut chassé du trône par l'Egyptien Danaus. M. Ladvocat au mot DANAUS dit qu'il fonda le Royaume d'Argos vers 1476. Il se trompe; il ne le fonda pas, il s'en empara. Il avoue lui-même qu'Inachus fut le premier Roi des Argiens. Voyez son Article INACHUS, & ce que j'en ai dit page 13. Ce que M. Ladvocat devoit dire, c'est que Danaus fut le premier Roi d'Argos de la race des Danaïdes, comme Gelanor fut le dernier des Inachides. " Danaus „ Egyptien, dit M. Bossuet dans „ son Hist. Univ. se fait Roi d'Ar„ gos & dépossède les anciens „ Rois venus d'Inachus. M. Ladvocat dit dans l'Article de Cylabare que ce Prince *étant mort sans enfans sa couronne passa dans la famille de Pelops.* C'est ce qui a déjà été réfuté puisque ce Cylabare est un Roi chimérique. Gelanor, Successeur de Stenelus, fut dépossédé par Danaus & non par la famille de Pelops, qui ne régna à Argos qu'après plusieurs Rois Danaides.

CYPRIEN (*S.*) *qu'il ne faut pas confondre avec S. Cyprien Evêque de Carthage, quoiqu'il ait vécu à-peu-près dans le même tems, est Auteur d'un Poëme sur la Résurrection des morts : Ad Felicem de Resurrectione mortuorum. Ce Poëme se trouve à la suite des Œuvres de Tertullien.* 1°. Il est vrai que ce Poëme se trouve à la suite des œuvres de Tertullien, mais il est intitulé : *De Judicio Domini.* 2° Le S. Cyprien dont M. Ladvocat donne ici un Article comme différent de saint Cyprien de Carthage, n'a jamais existé. Les PP. Martene & Durand, cités par M. Ladvocat, ne l'ont mis au monde que pour justifier le Manuscrit du Poëme *de Resurrectione*, qui porte le nom de saint Cyprien. Ils ont bien vu qu'il n'y a pas moyen de l'attribuer à l'Evêque de Carthage ; ils ont donc inventé un autre Saint Cyprien à peu-près contemporain, dont on n'a jamais entendu parler. Suivant ce systême on créera de nouveaux Saints Athanases, de nouveaux Saints Jeromes, de nouveaux Saints Augustins pour les charger des ouvrages reconnus pour n'être ni des anciens Peres dont ils ont porté le nom jusqu'à present, ni d'aucun Ecrivain connu. Nous ne sommes point ici dans le cas, puisqu'on sçait que Verecundus Evêque de Joncques en Afrique, dans le sixieme siecle, est Auteur du Poëme *de Resurrectione*. C'est ce que M. Allix a prouvé dans sa Dissertation latine sur la vie & les écrits de Tertullien, page 84 & 85. Voyez encore l'Hist. Litt. de Cave ; la Bib. Lat. de Fabricius, &c.

CYPSELE...... *Un autre Cypsele régna après Périandre.* Non, ce fut Psammitichus qui régna après Périandre.

D

DAVENANT, (*Charles*) *étoit fils aîné de Jean Davenant, dont il est parlé dans l'Article précédent.* C'est de Guillaume & non de Jean Davenant dont M. Ladvocat a parlé dans son Article précédent. Il est bien vrai que l'Article de Jean devroit suivre, & non pas précéder celui de Guillaume ; celui de Charles devroit être le premier, & il se trouve le dernier. M. Ladvocat donne assez inutilement les Titres de plusieurs ouvrages de cet Auteur ; en voici un qui n'est pas fort clair, quoique tiré de M. Chauffepié : *Essai sur les voies par lesquelles on peut vraisemblablement faire gagner un peuple dans la balance du Commerce.*

DAVITY (*Pierre*).... *On a de lui un Ouvrage en 6 vol. in-folio intitulé : Le monde.* M. Ladvocat se trompe. Davity n'a donné qu'un volume intitulé : Les Etats & Empires du monde en 1625, mais François de Ranchin & Etienne de Rocoles ont tellement amplifié cet ouvrage auquel ils ont donné pour titre, *Le monde*, qu'ils en ont formé six gros & mauvais volumes. L'Edition de Davity en un seul volume est la meilleure. V. Méthode pour l'Histoire, par M. Lenglet du Fresnoy.

DEMETRIUS SOTER..... *Son pere ayant été empoisonné durant son absence, Antiochus Epiphanes son frere, puis son fils Antiochus Eupator usurperent le Trône.* Antiochus Epiphanes n'étoit pas frere, mais oncle de Démétrius Soter; Antiochus Eupator n'étoitpas son fils, mais son cousin.

DOUCIN. (*Louis*) Cet Article dénué de dates est inutile comme beaucoup d'autres. M. Ladvocat devoit dire au moins que Louis Doucin, né à Vernon, mourut à Orléans le 21 Septemb. 1726. Il étoit aisé de donner l'année de la mort de plusieurs autres Ecrivains aussi bien que leurs noms de Baptême. Baudori, mal nommé BODORI dans le Dictionnaire de M. Ladvocat, s'apelloit Joseph. Il mourut à Paris le 4 May 1749. COMTE, (*le Pere*) s'apelloit Louis. Il mourut à Bordeaux sa patrie en 1729. DAGOUMER s'apelloit Guillaume. Il étoit né au Pontaudemer, & il mourut à Courbevoie près Paris au mois d'Avril 1745. On en parle dans le Roman de Gilblas de Santillane sous le nom de Guilliomer. Le Pere Lallemant, auquel M. Ladvocat attribue mal-à-propos une Paraphrase des Pseaumes en vers françois, dans l'Article, LALLEMANT (*Louis*) s'apelloit Philippe. Il étoit né à saint Valery sur Somme, & il mourut à Paris le 21 d'Août 1748.

DRUSILLE, *fille d'Agrippa.... Felix Gouverneur de Judée, offrit de l'épouser....... Drusille y consentit... Elle en eut un fils nommé Agrippa, qui périt avec elle dans les flammes du Mont-Vesuve.* M. Ladvocat se trompe, Drusille ne périt point dans les flammes du Mont-Vesuve avec son fils Agrippa, mais Agrippa y périt avec sa femme. V. Joseph. Tillemont, &c.

E

ENOCH *fut enlevé dans le Paradis Terrestre.* « Les plus sa» vans & les plus exacts des Pe» res n'ont osé, dit le P. Calmet, » déterminer en quel lieu Enoch » a été transporté.

ERASTE (*Thomas*) *cél. Médecin, naquit dans le Marquisat de Bade-Dourlach.* C'est une erreur. Il naquit à Bade en Suisse. V. de Thou, Teissier, &c.

ERBLAND. (S.) *Voyez* HERMELAND. Comment le voir puisque M. Ladvocat l'a oublié ? Il a renvoyé de même de FERUS à SAUVAGE, & on ne trouve point ce Sauvage. J'ai déjà dit qu'on trouvera Ferus dans le Dictionnaire de Bayle. On trouvera saint Erbland Abbé d'Aindre en Bretagne, dans les Vies des Saints de M. Baillet au 25 de Mars. On dit dans le Moreri de 1759, qu'AINDRE *est le nom d'une Isle qui étoit autrefois dans la mer de Bretagne, trois lieues au-dessous de la Ville de Nantes, à l'embouchure de la Loire.* L'Isle d'Aindre n'étoit certainement pas dans la mer de Bretagne. C'étoit une Isle de la Loire environ à 15 lieues de son embouchure. Moreri la place très-mal *dans la mer.... à l'embouchure de la Loire.* V. Notitia Galliarum de Valois au mot Antrum.

ERYTROPHILE (*Rupert*) *Savant Théolog. Luther.* 1°. Il falloit écrire Erytropile. 2°. Il étoit Calviniste & non pas Luthérien. V. Le Long Bib. Sacr.

ESTIENNE (*Henri*) *cél. Imprimeur...... mourut à Lyon laissant plusieurs enfans, entr'autres une fille qu'Isaac Paul Casaubon épousa.* Il n'y a jamais eu d'Isaac Paul Casaubon. Florence Estienne épousa le célebre Casaubon qui n'avoit point d'autre nom que celui d'Isaac. Rien n'est plus propre à mettre de la confusion & faire méconnoitre ceux dont on parle que de leur donner des noms qu'ils n'avoient point.

EUTROPE *Auteur Latin.... On doute qu'il ait été Chrétien.* Lambecius à prouvé qu'il ne l'a jamais été; le doute est levé.

G

GENDRE (*Louis le*) *il mourut le premier Fev. 1733 à 78 ans.* Il n'en avoit que 74 & quelques jours, car il nâquit le 12 Janv. 1659. M. Ladvocat dit que son Histoire de France est en 7 vol. in-12, elle est en 8.

GLAPHYRA, *petite fille de...... Joseph dit qu'elle se remaria avec Juba Roi de Lybie, mais cela n'est pas certain.* Non, car M. Bayle a prouvé que cela est très-faux.

GRANDIER. *On peut voir ce qui concerne Grandier dans le Livre intitulé : Les Diables de Loudun par S. Aubin Calviniste.* Ce Calviniste ne s'apelloit point S. Aubin, mais simplement Aubin.

H

HARPALICE, *la plus belle fille d'Argos.* On trouve dans cet Article une Histoire que M. l'Abbé Banier a cru devoir taire. « Je dois, dit-il, tirer le ri» deau sur ces sortes d'infamies. Pourquoi M. Ladvocat n'a-t-il pas imité M. Banier ?

HERCULE. *Il eut en une seule nuit des enfans de 50 filles de Thespie.* C'est un conte, dit Pausanias, qui n'a rien de vraisemblable. J'ajoute que c'est un conte indécent dans l'ouvrage qu'un Docteur de Sorbonne dit avoir *composé dans l'unique dessein de donner aux jeunes gens qui le consultent souvent une idée juste de l'Histoire & de la Littérature.* Etoit-il fort nécessaire que M. Ladvocat aprît à ces *jeunes gens* au mot NINON Lenclos, que cette fille *fameuse par ses galanteries...... finit sa carriere amoureuse par son avenzure avec L. G. nouvellement sorti des Jésuites?* Si cette anecdote n'est pas fausse, elle est au moins scandaleuse. Ninon Lenclos ne méritoit pas un Article dans le Dictionnaire de M. Ladvocat, & L. G. méritoit que M. Ladvocat n'en parlât pas à l'Article de Ninon Lenclos, puisqu'il en vouloit donner un.

HILDEBERT DE LAVARDIN. Si M. Ladvocat entend qu'Hildebert étoit de l'Illustre Famille de Lavardin, il se trompe. Lavardin n'étoit pas son nom de famille, mais le nom du lieu de sa naissance. V. Baluze, Préface du septieme vol. des *Miscellanea.* Bayle Art. HILDEBERT, &c. *Il fut transféré à l'Evêché de Tours en* 1115. Ce fut certainement en 1125. *Le P. Beaugendre a donné au public ses ouvrages, à l'exception de trois pieces que M. Baluze publia en 1715 dans le septieme vol. de ses Miscellanea.* M. Ladvocat n'a pas examiné ces trois pieces, car il auroit vu qu'il n'y en a que deux d'Hildebert Evêque du Mans. La troisieme est une Charte de donation au Monastere de Marmoustier, par un Hildebert & Hersinde sa femme, que M. Baluze croit être le Pere & la Mere de l'Evêque du Mans, cette donation étant faite du consentement de leurs enfans Hildebert, Salomon & Drogon.

I

JOCASTE...... *fut mere d'Œdipe qu'elle épousa dans la suite sans le connoître. Elle en eut Polinice & Eteocle, qui se tuerent l'un l'autre dans une bataille pour la succession au Trône. Jocaste en eut tant de chagrin qu'elle se donna la mort de désespoir.* « Rien „ n'est plus contre la vérité de „ l'Histoire, dit M. Basnage dans „ ses Ouv. des Sav. Fev. 1693, „ car Jocaste finit ses jours pénétrée de regret de se trouver „ la femme de son propre fils. „ Oedipe au désespoir de se trou-

„ ver criminel d'un inceste au „ premier chef, se creva les „ yeux & suivit Jocaste de bien „ près, ainsi la querelle d'Eteo- „ cle & Polynice ne hâta point „ leur mort. M. Ladvocat a copié ici les Dictionnaires comme à l'Article OEDIPE, où il dit : *Eteocles & Polynices si célebres chez les Grecs étoient nés du mariage incestueux d'Oedipe & de Jocaste aussi-bien qu'Antigone & Ismene.* „ C'est dit M. l'Abbé Gedoyn ce que les Scholiastes ont „ debité, & ils ont pour eux tous „ les Dictionnaires ; mais ce ne „ seroit pas la premiere fois qu'ils „ se seroient trompés avec de tels „ guides qu'on ne doit pas met- „ tre en parallele avec Pausanias „ qui assure que Jocaste n'eut „ point d'enfans d'Oedipe; Home- „ re est son garand. C'est d'Euri- „ ganée, fille de Periphas, qu'Oedi- „ pe eut quatre enfans. Telle est la véritable Histoire d'Oedipe, défigurée par les Poëtes Tragiques. V. Mém. de l'Acad. des Inscript. & Mythologie de M. l'Abbé Banier.

JORNANDES *fut Secrétaire des Rois Goths, puis Evêque de Ravennes.* Jornandes n'a jamais été Evêque de Ravenne. Voyez les notes de Sandius sur les Historiens Latins de Vossius.

ISIDORE *de Charax, Auteur Grec du tems de Ptolomée Lagus, vers 300 avant J. C. a composé divers Traités.* M. Ladvocat après Moreri, tombe ici dans un Anachronisme de plus de 300 ans, car Isidore de Charax écrivoit après l'an 35 de J. C. puisqu'il fait mention d'un évenement de cette année. On en peut voir les preuves dans la Bibliotheque Grecque, de Fabricius liv. 4 ch. 2, & dans le Traité : *de Philologiâ*, *ch.* 11 de Vossius, mais par malheur ce même Vossius dans ses Historiens Grecs, a placé mal-à-propos Isidore de Charax sous Ptolomée Lagus, & c'est justement cet endroit défectueux dont les Continuateurs de Moreri se sont saisis. M. Ladvocat les a copiés. J'aurois dû mettre cet Article dans la Classe des Fautes sur la Chronologie ; il n'en étoit plus tems lorsque je l'ai écrit. Cette réponse doit s'étendre à d'autres Articles.

JUPITER...... *Il eut Bacchus de Semelé, Pallas de Thetis.* Pallas étoit fille de Metis & non pas de Thetis.

L

LAVAUR (*Guillaume de*)..... *On a de lui : Conférence de la Fable avec l'Histoire Sainte, Ouvrage estimé.* Au contraire ; on en fait peu de cas. C'est un systême sur la Fable, tiré de la Démonstration Evangélique de M. Huet, *Ouvrage plus érudit que solide*, suivant M. Ladvocat; mais s'il estime si peu la source, comment peut-il estimer le Ruisseau ? „ Le Systême de ceux qui rapor- „ tent toutes les Fables à l'E- „ criture Sainte, est certainement „ faux lorsqu'il est pris dans sa „ généralité. Voyez ce que pense M. l'Abbé Banier de M. Huet & de M. de Lavaur sur cela, Liv. premier de sa Myth. ch. premier.

LESSEVILLE. *Il fut le premier qui fit aller l'Université en carosse, au lieu qu'auparavant elle alloit toujours à pied.* M. Ladvocat copie Bayle, mais M. l'Abbé Joly assure que Bayle ne sçavoit pas ce qu'il vouloit dire. Je ne sçais pas moi-même si l'Université va en Carosse ou à pied.

LITLE *fut surnommé Guillaume de Neubrige, Joannes Neubrigensis.* Que signifie là *Joannes* puisqu'il s'apelloit Guillaume?

LULLE (*Raymond*) *naquit dans*

l'*Isle de Majorque en 1225, & fut assommé à coups de pierres dans la Mauritanie en 1315 à 80 ans.* Ce Calcul n'est pas bon, car Lulle auroit eu 90 ans. Il ne naquit pas en 1225, mais en 1236. Si Raymond Lulle fut assommé à coups de pierres dans la Mauritanie, il n'y mourut pas; il expira, dit-on, à la vue de Majorque dans le vaisseau Genois qui le ramenoit; mais on a debité bien des fables sur les dernieres années de Raymond Lulle. Le P. Rapin assure que sa Logique copiée d'un Philosophe Arabe n'est qu'un jargon extravagant « propre à embarasser l'Antechrist » quand il viendra au monde, » à ce que s'étoit imaginé ce » Philosophe.

LYCOSTENES. On a de lui *de mulieribus præclarè dictis & factis.* Ce Latin n'est pas congru. Il falloit dire, *de Mulierum, &c.*

M

MACHAON, *célebre Médecin fils d'Esculape & Pere de Podalire.* Machaon étoit certainement frere & non pas pere de Podalire, puisque Podalire étoit fils d'Esculape comme Machaon.

MACRIN (*Salomon ou Salmon*) *prit le nom de Macrin, parce que François I lui donnoit souvent ce nom en riant à cause de son extrême maigreur.* « Il n'est pas » vrai, dit M. de la Monnoye » dans ses Notes sur les Jugemens » de Baillet, que ce soit Fran» çois I qui ait donné en riant « le nom de Macrin à Jean Sal» mon. On peut voir sur cela les preuves de M. de la Monnoye dans le quatrieme tome in-4°. des Jugemens de Baillet. *Il mourut en 1555.* M. Ladvocat se trompe, il mourut en 1557. *On a de lui...... Un Poëme sur Gelonis de Borsate sa femme.* Il falloit dire sur Gillone de Borsate, car *Gelonis* est un nom tiré du Grec que Macrin avoit donné à Gillone, parce qu'elle avoit toujours l'air riant. On ne joint jamais à ces sortes de noms donnés par les Poëtes à leurs femmes ou maîtresses les noms de Famille. Il seroit ridicule aussi de joindre les noms de Famille aux noms de Bergers pris par les Académiciens Arcades, &c.

MAGDELENE (*Sainte Marie*)...... *fut la premiere personne à qui J. C. apparut après sa Résurrection.* C'est ce que nous ne croyons ni vous ni moi, Monsieur, vous croyez & moi aussi avec saint Ambroise, saint Anselme, l'Abbé Rupert & plusieurs autres saints Peres, que J. C. apparut à la sainte Vierge avant toute autre personne. Ces mots du ch. 16 de saint Marc *Apparuit primò Mariæ Magdalenæ* ne signifient point que sainte Magdelene *fut la premiere personne à qui J. C. apparut.* Ils signifient, que J. C. apparut à Magdelene aussi-tôt qu'elle fut de retour au Sépulchre. C'est ainsi que M. du Hamel *premier Secrétaire de l'Académie des Sciences de Paris, & l'un des plus Savans hommes de son siecle*, selon M. Ladvocat, explique le *primò* de saint Marc. Holden célebre Docteur de Sorbonne qui a fait selon M. Ladvocat *des notes marginales courtes & judicieuses sur le Nouveau Testament* dit sur ces mots *Apparuit primò Mariæ Magdalenæ : Priùs tamen matri suæ quod omittitur ab Evangelistis tanquam non necesse notandum.* Jansénius d'Ypres : *Apparuit primò Mariæ Magdalenæ, nempe inter Discipulos Domini & apparitione ad veritatem resurrectionis persuadendam ordinatâ, ità ut nihil vetent hæc verba quin anteà apparuerit beatissimæ matri suæ.* Les plus célebres Annalistes de l'Eglise l'Eglise, Torniel, Salian, Baronius, Sponde, &c. Les plus célebres Commentateurs, Cornelius à Lapide, Jansenius de Gand, Maldonat, Tirin, Calmet, &c. Les plus célebres Critiques, M. Thiers dans ses Observations sur le Bréviaire de Cluny, le Pere Pezron dans son Histoire Evangélique, &c. pensent autrement que M. Ladvocat. Ils disent que la sainte Vierge fut la premiere personne à qui J. C. apparut, & c'est, selon plusieurs d'entr'eux, une tradition reçue de tout le monde.

MAGON, *autre Capitaine des Carthaginois...... Il étoit pere d'Amilcar & d'Asdrubal.* Point du tout; ce Magon n'étoit que le grand-pere d'Amilcar & d'Asdrubal, qui avoient pour pere un Annibal aussi obscur que son petit-fils, le Grand Annibal, fut illustre.

MERULA (*George*) *célebre Ecrivain du quinzieme siecle, s'acquit une grande réputation entre les Savans de son tems par ses leçons & ses ouvrages...... On a de lui un grand nombre d'ouvrages; les principaux sont l'Histoire des Vicomtes de Milan, in-folio, &c.* Au lieu des éloges que M. l'Abbé Ladvocat prodigue ordinairement au commencement de chaque Article, il auroit mieux fait, ce me semble, de porter son jugement sur chaque ouvrage en particulier. On est disposé à regarder comme excellent tout ce qui vient d'un *célebre Ecrivain qui s'acquit une grande réputation entre les Savans de son tems*, & c'est en quoi on se trompera ici sur l'Histoire des Vicomtes de Milan. « George » Merula entreprit, dit le P. Rapin, par ordre de Louis Sforce » son Prince, l'Histoire du Milanois qui ne lui fit gueres d'honneur tant elle parut seche & » misérable. V. Reflexions sur » l'Histoire.

MEURSIUS *naquit à Losdun.* Il nâquit à Utrecht. Meursius le dit lui-même, & M. de Sallengre l'a prouvé contre Moreri. C'est pourtant Moreri que M. Ladvocat copie.

MILON (*Titus Antonius*) Il ne s'apelloit pas *Titus Antonius*, mais *Titus Annius*.

MOSCHOPULUS (*Emmanuel*) *Nom de deux Ecrivains Grecs...... Le second composa un Lexicon grec & un Ouvrage intitulé: Leçons Attiques.* M. Ladvocat partage ici un seul & même ouvrage en deux. Le Recueil de mots Attiques, *Eclogæ Dictionum Atticarum*, est la même chose que le Lexicon. „ Ce Recueil de mots Attiques, „ est ce que Baillet apelle le Lexicon de Moschopulus, qu'il ne „ faut pas s'imaginer être un gros „ volume puisqu'il consiste en un „ petit recueil de mots Attiques, „ imprimé originairement à la suite de Phrynichus. M. de la Monnoie, notes sur les Jugemens de Baillet. V. encore Fabricius Bib. Grec.

MOTHE (*Antoine Houdard de la*) Il falloit écrire la Motte, c'est ainsi que l'auteur lui-même écrivoit son nom & non pas *la Mothe*. Cet Article est trop long ainsi que ceux de FONTENELLE, LEIBNITZ, LOCKE, MONTESQUIEU, WOLFF; & M. Ladvocat qui donne le dénombrement de toutes les pieces de Théâtre bonnes & mauvaises de la Motte, n'a point nommé toutes les pieces du Grand Corneille dont l'Article est quatre fois plus court que celui de Racine.

N

NEURÉ (*Mathurin*) *natif de Chinon.* M. Huet qui l'avoit connu dit qu'il s'apelloit Michel & non pas *Mathurin*; qu'il étoit de Loudun & non pas *de Chinon*.

NEANDER (*Michel*)...... On

a de lui...... *Astrologia Pindarica.* Les Jeunes gens ne devineront jamais ce que cela signifie, parce que Pindare n'étoit pas un Astrologue. M. Ladvocat a copié une faute d'impression. Il devoit écrire *Aristologia*, c'est-à-dire, les plus belles Sentences de Pindare. Il a composé aussi *Aristologia Euripidis*.

NIL (S.) *Disciple de Saint Chrysostome...... Il embrassa la vie Solitaire sur le Mont Sinai avec son fils Thodule*; (lisez Theodule) *dans le même tems que sa femme & sa fille entrerent dans un Monastere de Vierges.* Saint Nil n'eut jamais de fille, ainsi elle n'entra point dans un Monastere de Vierges. *Il mourut en* 450, lisez en 452. Voyez Oudin *de Script. Eccles.*

NILUS DOXAPATRIUS, *composa par ordre de Roger Roi de Sicile sur la fin du onzieme siecle, un Traité des cinq Patriarchats.* Il falloit dire sur le milieu du douzieme siecle. Il n'y a point eu de Roger Roi de Sicile dans le onzieme siecle. V. Oudin.

O

OLIVETAN (*Jean*) Olivetan s'apeloit Robert & non pas *Jean*.

P

PAUL (*S.*) *Apôtre...... Il fut arrêté par le Tribun Lysias & conduit à Felix Gouverneur de la Judée...... Quelque tems après il comparut devant Festus, successeur de Lysias.* Tout cela est très-peu exact, car 1°. Felix n'étoit pas Gouverneur de Judée mais seulement Procureur du Gouverneur de Syrie dont la Judée, qui n'étoit point un Gouvernement, dépendoit. C'est pour faire honneur à Felix que Lysias lui donne le titre de Gouverneur, au ch. 24 des Actes. 2°. Festus ne fut pas le Successeur de Lysias simple Tribun, mais de Felix Procureur de Judée.

PAUSANIAS, *célebre Général des Lacédémoniens...... Se sauva dans un Temple de Minerve, où il se laissa mourir de faim.* Ce fut assurément contre sa volonté que Pausanias mourut de faim, car l'entrée du Temple où il s'étoit sauvé fut fermée sur le champ avec de grosses pierres & on dit que la mere du coupable fut la premiere à y en porter; ainsi il se laissa mourir de faim, comme s'en laissent mourir ceux qui n'ont point d'alimens & qui n'en peuvent avoir.

PELLETIER (*Jean le*) *habile Apoticaire, naquit à Rouen.* Jamais M. le Pelletier n'a été Apoticaire. Il étoit Marchand de Salines.

PERRION *ou plutôt Perion* (*Joachim*) *Docteur de Sorbonne.* Il est vrai que cet Auteur s'apelle *Perion* & non pas *Perrion.* Pourquoi donc M. Ladvocat ne le place-t-il pas sous le nom qu'il reconnoît lui-même pour le véritable? *Il s'acquit une grande réputation par ses Ouvrages.* Ils furent pourtant fort critiqués de son tems, & ils sont oubliés aujourd'hui. *On a de lui des Dialogues en beau latin sur l'Origine de la Langue Françoise & sur sa conformité avec la Grecque.* « C'est ,, dit M. de la Monnoye, un des ,, plus mauvais Livres qui ait pa- ,, ru sous le regne du Roi Hen- ,, ri II. *Des Traductions Latines & d'autres Ouvrages bien écrits en Latin.* On a aussi de lui un Traité de la meilleure maniere de traduire les Ouvrages des Anciens, mais, dit M. Baillet « ou il ne sa- ,, voit pas lui-même les regles de ,, cet Art qu'il vouloit enseigner ,, aux autres, ou il les a fort mal ,, pratiquées, car outre que selon ,, Scaliger il savoit fort impar-

„ faitement le Grec, & qu'il n'en-„ tendoit pas beaucoup mieux le „ Latin, il a cru mal-à-propos „ qu'il falloit suivre son genie „ dans la Traduction. Cette mé-„ chante maxime que l'on voit „ pratiquée dans toutes ses ver-„ sions, lui a fait perdre la qua-„ lité de bon Traducteur, & lui „ a attiré beaucoup de justes re-„ proches & d'accusations...... M. „ Huet a raison de dire que l'af-„ fectation du style Ciceronien „ lui a été funeste, & qu'il étoit „ d'autant plus à plaindre qu'il „ faisoit consister tout le mérite „ de ses traductions dans cette „ pompe ridicule de paroles, & „ dans cette volubilité & ce flux „ de discours qui a peu de raport „ aux originaux. V. Baillet, Ju-gemens des Savans.

PIGHIUS (*Albert*)...... *Il fait paroître une prévention aveugle pour les opinions les plus insoutenables des Ultramontains; mais il est plus exempt de préjugés dans les questions où il ne s'agit point des intérêts personnels de la Cour de Rome.* M. Bossuet a trouvé dans Pighius d'autres préjugés que sur la Cour de Rome. " On connoît, dit-il, „ Pighius & Catharin. Le Car-„ dinal Bellarmin qui s'est vu „ souvent obligé à les combattre „ comme fauteurs des Pélagiens „ en certains points & en d'au-„ tres des Calvinistes, ne leur „ laisse aucune autorité dans l'é-„ cole. V. prem. Instruc. sur le nouv. Test. imprimé à Trévoux.

PILPAY, *très-célebre Bramine.... que l'on croit avoir été Gouverneur d'une partie de l'Indostan, & Conseiller de Dabschelim, puissant Roi Indien.* Je crois que ce *Dabschelim* est un Roi imaginaire, dont M. Ladvocat auroit de la peine à prouver l'existence. J'ai même peur qu'on n'ait métamorphosé en un Roi, ces mots du Titre du Livre: Kelila Va Dimna. Ce qu'on dit de ce Pilpay me paroît fort douteux, mais on trouve un jugement sur son Ouvrage, dans le discours qui est à la tête des Fables de M. de la Motte.

PONTAS, *cél. Casuiste..... On a de lui...... Scriptura Sacra ubique sibi constans in-4°. Ouvrage, où il concilie les contradictions apparentes de l'Ecriture Sainte.* M. Ladvocat donne une fausse notice de ce Livre de Pontas, car l'Auteur n'y concilie que les contradictions apparentes du Pentateuque. Le Frontispice n'annonce rien de plus; on y lit: *Tomus primus Pentateuchum complectens*, & M. Pontas n'en a point donné la suite. Les Notices de M. l'Abbé Ladvocat ne sont pas toujours claires & exactes. Il dit à l'Article BUFFIER: *On a de lui un grand nombre d'Ouvrages, les meilleurs sont 1. Une Grammaire Françoise. 2. Un Cours de Sciences, in-folio.* La Grammaire Françoise fait partie du Cours des Sciences du P. Buffier, & ce Cours des Sciences contient 22 Ouvrages de cet Ecrivain; M. Ladvocat n'instruit donc pas beaucoup mieux son Lecteur que s'il disoit que les meilleurs Ouvrages de Racine, sont Athalie & son Recueil de Tragédies. Il nomme le P. Buffier *Claude de.* L'Article *de* est de trop.

PHILIPPE, *surnommé Auguste, Roi de France...... Epousa Agnés ou Marie fille du Duc de Breme ou de Moravie.* Il falloit dire „ Agnés de Meranie, non de Mo-„ ravie, comme écrit le Vulgaire, „ confondant par une corruption „ de nom le Grand Duché de „ Meranie en Istrie avec la Mo-„ ravie près de la Boheme. Mes-sieurs de Sainte Marthe, Hist. Gén. de la maison de France.

PHINÉES *tua Zambri...... pendant qu'il commettoit le péché avec Cozbi sœur du Roi des Madianites.* Cozbi étoit fille d'un des principaux des Madianites, & non pas sœur du Roi.

PRIOLO *se retira dans une terre près de Geneve, où le Duc de Longueville qui alloit à Munster pour la paix lui proposa de le suivre.* Ce n'étoit pas le chemin du Duc de Longueville d'aller de Paris par Geneve pour se rendre à Munster. Il fit écrire à Priolo.

PROBA FALCONIA, *Dame illustre mere de deux Consuls.* M. Ladvocat renvoie à son Article ANICIUS PROBUS, où il dit que *Proba Falconia sa femme composa la Vie de J. C. en Centons de Virgile*, ce qui est faux, car Proba Faltonia qui a composé les Centons étoit différente de la femme d'Anicius Probus. Elle étoit femme du Proconsul Adelphius. V. Pagi & Basnage sur Baronius ann. 395. Le Journ. des Savans du 15 Mars 1694. Fabric. Bib. Lat. &c.

R

REGNIER (*Mathurin*) *fameux Satyrique François..... C'est lui qui fit le premier des Satyres en vers François.* Comment accorder cela avec ce que dit M. Ladvocat au mot FRESNAYE (*Jean Vauquelin de la*) *C'est le premier Poëte François qui ait fait des Satyres à l'Imitation d'Horace & de Juvenal?* M. l'Abbé Goujet s'est mieux expliqué dans le quatorzieme Tome de sa Bibliotheque Françoise. « Regnier, dit-il, est un des premiers de nos Poëtes François „ qui ait connu l'art de la Satyre. Il n'avoit eu avant lui „ que Vauquelin de la Fresnaye „ qui étoit même son contemporain, mais qui l'avoit précédé „ dans ce genre d'écrire. Vauquelin fut contemporain de Regnier, mais il étoit beaucoup plus âgé. Vauquelin nâquit en 1536, & mourut en 1606, suivant M. Huet. M. l'Abbé Goujet paroît croire qu'il est mort plus tard. „ C'est, „ dit-il, sur l'autorité de M. Huet „ que je mets la mort de Vauquelin en 1606, car les trois „ exemplaires que j'ai vus de ses „ Poésies portent la date de 1612, „ quoique le privilége accordé „ pour l'impression soit de 1604, „ & il paroît que c'est l'auteur „ lui-même qui les a mises au jour. M. l'Abbé Goujet n'a point vu l'Edition des Satyres, & autres Poésies de Vauquelin donnée par l'auteur lui-même chez Macé à Caen, in-8°. 1605. C'est la réponse au doute sur la date de sa mort assignée par M. Huet. Mathurin Regnier, né à Chartres en 1573, mourut à Rouen dans sa quarantieme année, le 22 Octobre 1613, en l'hotellerie de l'Ecu d'Orléans où il étoit logé, sur la Paroisse de sainte Marie la petite. Ses entrailles furent inhumées dans l'Eglise de cette Paroisse, & son corps porté à l'Abbaye de Royaumont. La premiere édition de ses Satyres est de 1608, Paris, in-4°.

S

SABURANUS, *ou Licinius Suranus, Colonel de la Garde Prétorienne de Trajan.* Il est certain que M. Ladvocat de deux personnes n'en fait ici qu'une, & qu'il confond Saburanus avec Licinius Sura, qu'il apelle mal-à-propos Licinius Suranus. Ils sont en effet si différens l'un de l'autre, qu'ils furent Consuls ensemble l'an de J. C. cent deuxieme; de Trajan cinquieme. « Nous verrons, dit M. „ de Tillemont, Suranus Consul pour la seconde fois vers l'an „ 107, quoique ce nom ne soit „ pas connu dans l'Histoire, mais „ quelques-uns croient que c'est „ le Préfet du Prétoire que nous „ avons apellé Saburan, sur l'au„ torité d'Aurele Victor. Ce Saburan n'a jamais eu le nom de Licinius, n'étant pas de la famille Licinia. Pour Licinius Sura, c'étoit le plus cher des amis de Trajan qui l'éleva à de grands honneurs, qui le fit enterrer aux dépens du public, & auquel il fit dresser une Statue. Martial en parle comme d'un Orateur célebre de son tems, & comme d'un bon Juge de ses Poésies. ,, C'étoit de Sura que Trajan se servoit pour ,, dresser tout ce qu'il avoit à écrire... On voulut faire croire à ,, cet Empereur que Sura avoit ,, de mauvais desseins ; mais Trajan au lieu de s'arrêter à ce ,, qu'on lui disoit, s'en alla un ,, jour souper chez Sura sans en ,, avoir même été prié, renvoya ,, tous ses gardes, fit venir le ,, Chirurgien de Sura pour faire ,, quelque remede à ses yeux, se ,, fit raser par son barbier, se baigna & se mit à table sans ,, avoir la moindre défiance, & le ,, lendemain il dit à ceux qui ,, avoient coutume de lui parler ,, contre Sura : s'il avoit dessein de me tuer il l'eût fait hier. V. Tillemont sur Trajan. M. le Clerc dans son Moreri, n'a pas confondu Saburan avec Licinius Sura.

SCHLICHTING, *fameux & très-habile écrivain Socinien.... C'étoit un Savant homme plein de probité, d'humanité & de modération.* C'étoit au contraire un esprit vif, inquiet, remuant, toujours en guerre avec les Catholiques, les Protestans & tous ceux qui ne pensoient pas comme lui. V. Hist. du Socinianisme.

SEM, *Patriarche & fils de Noé.. C'est une question agitée parmi les Savans de savoir si Sem étoit le fils aîné ou seulement le second fils de Noé, quoique l'Ecriture le nomme toujours avant ses freres.* Ce n'est plus aujourd'hui une question, car il est démontré que Japhet étoit l'aîné de Sem. Japhet nâquit l'an du monde 1556 deux ans avant Sem, qui ne nâquit que l'an 1558. L'Ecriture nomme à la vérité Sem le premier, mais cela ne prouve pas qu'il soit l'aîné, car elle nomme de même Abraham avant Nachor & Aran, & c'étoit cependant Aran qui étoit l'aîné des enfans de Tharé. Elle nomme Jacob avant Esaü, Ephraim avant Manassé, & souvent les puînés avant les aînés à cause de la bénédiction donnée aux puînés. On sçait qu'Abel fut préféré à Caïn ; Sem à Japhet ; Isaac à Ismael ; Jacob à Esaü ; Joseph à Ruben ; Moyse à Aaron ; David à ses freres, &c. V. Usserius dans ses Annales, le Clerc sur le Ch. 5 de la Genese, Shuckford dans son Histoire du Monde, l'Histoire Universelle par une Société de Gens de Lettres, le Journal de Trévoux Avril 1762, &c.

SENEQUE, *Orateur.... Il épousa une Dame Espagnole nommée Elbia.* Je sçais que quelques éditions portent Elbia, mais les meilleures & celles qu'on doit suivre portent Helvia, qui étoit aussi le nom de la mere de Ciceron. L'Empereur Pertinax étoit de la famille Helvia, souvent citée dans les monumens anciens. V. Juste Lipse sur Seneque. Il eut été à souhaiter que M. l'Abbé Ladvocat eut cité à la fin de chacun de ses Articles, non pas une Kirielle d'Auteurs comme dans le Moreri, mais le meilleur & le plus exact. Je remarquerai, dit M. Bayle, que ceux qui raportent une chose sans citer personne, ne doivent pas trouver ,, étrange si on les prend à partie & si au lieu de prendre la ,, peine de rechercher leur original, on fait marcher tout droit ,, à eux la critique qu'on a à faire. Une seule citation n'auroit pas beaucoup alongé l'Ouvrage de M. Ladvocat, mais il eut été à-propos de la rendre plus digne de sujet que celle de l'Article TOUR, (*Henri de la*) *Vicomte de Turenne*, dont j'ai déjà parlé page 38. M. Ladvocat dit que *l'Abbé Raguenet a écrit sa vie*; mais il avoit dit à l'Article RAGUENET, que cette vie est *un mauvais Ouvrage*, pourquoi la cite-t-il sur M. de Turenne ? Il assure à l'Article RAMSAY, que son *Histoire de M. de Turenne est assez bonne*. Pourquoi ne la cite-t-il pas ?

SENEQUE *le Philosophe.... A l'égard des Tragédies Latines qui portent le nom de Seneque...... elles ne sont ni de Seneque l'Orateur ni de Seneque le Philosophe, mais de différens Auteurs.* M. de Tillemont dans son Histoire des Empereurs, M. Baillet dans ses Jugemens des Savans, M. Fabricius dans sa Bibliotheque Latine, M. l'Abbé Goujet dans sa Bibliotheque Françoise, le P. Brumoy dans son Théâtre des Grecs, &c. sont moins décisifs que M. Ladvocat. Je ne raporterai que le Jugement de M. de Tillemont, sur l'Auteur des Tragédies attribuées à Seneque. " Il est certain que Seneque ,, s'est occupé à faire des vers, ,, & nous avons aujourd'hui plusieurs Tragédies qu'on lui attribue. On croit que la Médée est ,, véritablement de lui, puisque ,, Quintilien en cite un endroit ,, sous son nom. On a encore quelque raison particuliere ,, pour le faire Auteur de l'Oedipe. M. le Fevre trouve que ,, l'Agamemnon, la Troade & ,, l'Hercule en fureur sentent trop ,, la déclamation & l'école; ,, néanmoins d'autres croient que ,, la Troade & l'Hippolite sont ,, encore de lui, mais que l'Agamemnon, l'Hercule en fureur, le Thyeste & l'Hercule ,, sur l'Oeta, sont ou de Seneque le Pere ou de quelqu'autre ,, qui n'est pas connu. Pour la ,, Thebaïde & l'Octavia, on juge qu'elles sont entiérement indignes de l'esprit & de l'éloquence de Seneque. Il est certain que l'Octavia n'a été faite qu'après la mort de Seneque & de Néron même.

SELDEN. *On a de lui De descriptione Maris Clausi*: Qu'est-ce que cela signifie ? Il falloit dire: *Vindiciæ de Scriptione maris clausi.*

SIXTE IV, *apellé auparavant François d'Albescola de la Rovere, étoit fils d'un pêcheur du village de Celle.* M. Ladvocat a voulu apparemment écrire d'Albisola & & non pas d'*Albescola*. Albisola est selon quelques-uns le lieu de la naissance de Sixte IV; mais s'il étoit né à Albisola ce n'étoit donc pas *à Celle*, comme le dit M. Ladvocat, & s'il s'apelloit *de la Rovere*, il étoit d'une illustre famille, comme de célebres Ecrivains le prétendent, & non pas *le fils d'un Pêcheur*, comme M. Ladvocat l'assure ici. Ce commencement de l'Article de Sixte IV est fort embrouillé. André Duchesne dit que Sixte IV nâquit à Savone.

SULPITIUS (*Gallus*)..... *donna des raisons naturelles des Eclipses du Soleil & de la Lune étant Tribun du peuple dans l'Armée de Paul Emile.* Sulpitius n'étoit pas Tribun du peuple dans l'armée; il étoit Tribun Militaire, ce qui est différent.

SWIFT...... *dans son Conte du Tonneau...... Jacques signifie Calvin.* Il falloit dire Jean, car Calvin s'apelloit Jean & non pas Jacques. Swift a mis Jean pour signifier Calvin, comme il a mis Martin pour signifier Luther.

T

TERTULLIEN ...... *étoit fils d'un Centenier dans la Milice, qui servoit de Proconsul d'A-*

frique. Comme il y a là une faute considérable, je m'étois imaginé que c'étoit une faute d'impression, j'ai consulté trois éditions, & j'ai trouvé dans les trois : *qui servoit de Proconsul* ; il s'en falloit pourtant beaucoup que le pere de Tertullien ne servit de Proconsul. " Il étoit, dit M. de „ Tillemont, Centenier Proconsulaire, c'est-à-dire, qui servoit „ dans la milice & entre les Officiers du Proconsul d'Afrique, „ ce qui n'étoit pas une charge „ bien considérable.

TRANCOWITZ *ou plutôt Francowitz*. Pourquoi M. Ladvocat place-t-il cet Ecrivain sous un nom qu'il reconnoît lui-même n'être pas le véritable ? En effet, Flaccius Illyricus n'a jamais porté le nom de *Trancowitz* mais de *Francowitz*. Un Imprimeur ignorant a mis un T pour une F & de serviles Copistes l'ont imité. C'est par une semblable bévue qu'on a placé dans le quarantieme vol. du P. Niceron, Tremellius sous le nom de *Fremellius*. Simon dans sa Bibliotheque des Jurisconsultes a placé de même *Sandeus* sous le nom de *Fandeus*, *&c*. Il a pris une S pour une F. L'Article FAUST dans M. Ladvocat commence ainsi : FAUST *ou plutôt Fust* ; mais si cet Imprimeur s'apelloit *plutôt Fust* que *Faust*, pourquoi M. Ladvocat le met-il plutôt sous *Faust* que sous *Fust* ? On pourroit citer d'autres exemples.

TURRETIN (*Jean Alphonse*) *très-célebre Théologien Protestant*... *Il seroit à souhaiter qu'on donnât au public un recueil complet de tous les Ouvrages de ce Savant homme*. M. Ladvocat a déja dit au mot PICTET...... *On a de lui des Traités de Controverses & d'autres Ouvrages très-estimés des Protestans. Il seroit à souhaiter que l'on en donnât un recueil & une édition complette*. Ce vœu me paroit singulier de la part d'un Docteur de Sorbonne. Quel avantage aporteroit l'exécution de ce projet à l'Eglise Catholique ? Plus ces Calvinistes ont été habiles, plus leurs ouvrages sont dangereux.

V

VARENNES (*Jacques Philippe de*) *Licentié de Sorbonne & Chapelain du Roi, est Auteur du Livre intitulé : Les Hommes, dont il y a eu trois ou quatre éditions*. M. Ladvocat n'en dit pas davantage. Je le prierois de nous aprendre à quoi sert cet Article & les autres de même espece ? M. de Varennes licentié de Sorbonne, est-il vivant, est-il mort ? Est-ce un bon ouvrage que son *livre intitulé : Les Hommes* ? Quand a-t-il été imprimé, &c ? De pareilles Notices ne se souffrent que dans des Catalogues de Libraires, qui valent quelquefois mieux, parce qu'on y trouve la date de l'impression des livres qu'ils annoncent.

WOLZOGUE (*Louis de*)...... *Ses principaux ouvrages sont*...... *de Scripturarum Interprete contrà Exercitatorem Paradoxum*. C'est la réfutation du livre de Louis Meyer intitulé : *Philosophia Sacræ Scripturæ Interpres, Exercitatio paradoxa*, que M. l'Abbé Ladvocat a attribué mal-à-propos à Wolzogue au mot LABADIE, comme je l'ai dit page 26. C'est se tromper trop visiblement que d'attribuer à un Ecrivain un Ouvrage qu'il critique. Le Livre de Labadie contre Wolzogue a pour titre : *Censura Libri de Interprete Scripturarum* 1668, in-12. M. Basnage a donné un bon Extrait de celui de Wolzogue dans son Hist. des Ouv. des Savans Octob. 1692. M. Ladvocat devoit avertir que cet Auteur étoit Socinien. V. Bossuet premiere Instruc. sur le N. T. de Trevoux, c'est-à-dire de M. Simon.

Il y a cinquante ans que M. de la Monnoye disoit: „ Les Dictionnaires & les Lotteries qu'on voit multiplier de jour en jour, sont „ pour le siecle une marque sûre d'ignorance & de gueuserie. La multiplication des Dictionnaires dont se plaignoit M. de la Monnoye, n'étoit rien en comparaison de ce qu'elle est aujourd'hui. Tout le monde en compose ; mais quels Ouvrages ! mal conçus, mal exécutés, superficiels & pleins de fautes ; ils ne sont propres qu'à fomenter la paresse & produire l'ignorance & le mauvais goût. J'excepte de ce nombre le Dictionnaire Historique de M. l'Abbé Ladvocat, & ce n'est point pour flatter l'Auteur que je fais cette exception. J'ai parlé jusqu'à present avec assez de sincérité de son Ouvrage pour mériter qu'on me croie quand je dis qu'il vaut beaucoup mieux que tous les Abregés Alphabétiques qui portent le Titre de Dictionnaires. Si M. Ladvocat veut y mettre la derniere main, je suis persuadé que le public n'aura rien à desirer. Je souhaiterois que mes foibles remarques, pussent lui être de quelqu'utilité. Je sçais du moins que quand elles parviendroient jusqu'à lui, il ne s'en offenseroit pas. Il est trop équitable pour vouloir interdire aux autres ce qu'il s'est permis, & j'ai un avantage qu'il ne peut me disputer. Je l'emporte autant du côté du choix qu'il l'emporte du côté de l'érudition. Il a pris pour objet de sa critique un Dictionnaire peu connu, peu répandu, peu estimé, *le Dictionnaire Anonyme en 6 volumes* ; l'objet de la mienne a été le *Dictionnaire Historique de M. l'Abbé Ladvocat*. Le nommer, c'est en faire l'éloge. Si la modestie de l'Auteur s'opposoit au droit que je prétens sur la comparaison des deux Ouvrages, l'estime & l'avidité du public pour le sien, déposeroient, malgré lui, en ma faveur Ce n'est pas assez, dira-t-on, de faire un bon choix, il falloit faire de bonnes observations. L'objection est trop forte, je n'ai point de réponse à y donner. On ne vous l'auroit pas faite cette objection, Monsieur, si au lieu de me demander mes Remarques, vous aviez voulu publier les vôtres. Vous auriez rendu un véritable service à M. l'Abbé Ladvocat en lui découvrant ses fautes. Il en a fait quelques-unes, mais il n'en est ni moins estimé ni moins estimable ;

„ Quelques traits négligés n'ôtent rien à sa gloire.

„ L'affaire ne va pas mal pour certains ouvrages, dit M. Bayle, & „ sur-tout pour les Dictionnaires, lorsqu'il n'y a dans chaque page, „ l'une portant l'autre, que sept ou huit choses à corriger. “ Comme il n'y a pas sept ou huit corrections à faire dans chaque page du Dictionnaire de M. l'Abbé Ladvocat, il est clair que M. Bayle l'approuveroit. Jugez quels peuvent être mes sentimens & s'il me conviendroit d'être plus sévere que ce redoutable Critique.

Je suis très-sincérement,

MONSIEUR,

Votre très-humble & très-obéissant serviteur ***

LETTRE

LETTRE

D'UN PROFESSEUR

DE DOUAY

A UN PROFESSEUR

DE LOUVAIN,

SUR L'ENCYCLOPÉDIE.

LETTRE
D'UN PROFESSEUR DE DOUAY
A UN PROFESSEUR DE LOUVAIN,
SUR L'ENCYCLOPÉDIE.

JE joins ſelon votre deſir, Monſieur, à mes Remarques ſur le Dictionnaire de M. l'Abbé Ladvocat, quelques Obſervations que j'ai faites ſur le premier volume de l'Encyclopédie. M. l'Abbé Ladvocat & Meſſieurs les Encyclopédiſtes ont ſouvent copié le Moreri; c'eſt la ſeule raiſon qui m'engage à les joindre ici, ſans prétendre par là établir entr'eux aucune autre conformité que celle qu'ils jugeront à propos de reconnoître. Je ne veux bleſſer perſonne; je ſçais ſeulement qu'il y a dans l'Encyclopédie pluſieurs choſes que l'Auteur du Dictionnaire Hiſtorique ne peut pas approuver. Otez cette différence, les Auteurs des deux Ouvrages ſe reſſemblent. La beauté du génie, l'étendue des connoiſſances & l'application conſtante à l'étude les raprochent. Ne les conſidérant que ſous ce point de vue, je les eſtime, je les admire, je leur dois même de la reconnoiſſance. J'ai profité dans la lecture de leurs ouvrages, & ſi je remarque ce qui m'y a paru défectueux, c'eſt afin qu'ils deviennent encore plus utiles aux autres qu'ils ne me l'ont été à moi-même. Voilà mon deſſein; je n'en ai point d'autre; on auroit tort de m'attribuer contre ces célebres Ecrivains de l'humeur ou de la paſſion; mais qu'il me ſoit permis de dire que l'Encyclopédie, par exemple, peut être dangereuſe aux jeunes gens & aux ignorans qui prennent tout ce qu'on y dit pour des Oracles, & cela contre l'intention des Auteurs. Meſſieurs les Encyclopédiſtes ont trop d'eſprit & de bonne foi pour ne pas ſe rendre à l'évidence & avouer qu'ils ſe ſont trompés quand on le leur prouve clairement. Il n'en eſt pas ainſi de leurs admirateurs outrés. Les preuves & les démonſtrations n'ont aucune force contr'eux, auſſi n'eſt-ce pas pour eux que j'écris.

Je ne vous parlerai point, Monſieur, des Articles de l'Encyclopédie qui concernent la Théologie & la Politique : plusieurs Critiques en ont parlé, & vous sçavez à quoi vous en tenir. Je me garderai bien de toucher aux Mathématiques ; je n'y entends rien, & d'ailleurs ces Messieurs passent pour si habiles en ce genre, qu'il ne me prendroit pas envie d'en examiner les Articles quand j'y entendrois quelque chose. Je ne vous entretiendrai donc que de la Géographie, de la Mythologie & de la Bibliographie de l'Encyclopédie, qui certainement n'en sont pas les plus brillantes parties. Les Auteurs étoient sans doute en état de mieux faire, car je les crois très-savans même dans ces facultés, mais

„ En vain contre l'erreur s'arme-t-on de science,
„ Le Savant doit payer tribut à l'ignorance,
„ Toujours quelque défaut obscurcit ses écrits,
„ Tel est le triste sort des plus rares esprits.

Essai de Pope sur la Critique traduit par M. l'Abbé du Resnel.

REMARQUES

SUR LA GEOGRAPHIE, LA MYTHOLOGIE ET LA BIBLIOGRAPHIE

DU PREMIER VOLUME DE L'ENCYCLOPÉDIE.

ARTICLES Géographiques multipliés mal-à propos.

IL est évident que ce n'est pas M. d'Anville qui a composé les Articles Géographiques de l'Encyclopédie, mais quelqu'un peu intelligent en cette matiere ou du moins très-peu attentif ; c'est ce que les Lecteurs habiles reconnoîtront aisément. Le Copiste Encyclopédique a pillé de côté & d'autre, mais sur-tout dans Moreri, & comme il n'a pas même soupçonné l'identité des Articles qu'il copioit, il les a multipliés & en a donné deux pour un sans s'en apercevoir.

ACHAM ou ASEM, *Royaume d'Asie dans la partie septentrionale des Etats du Roi d'Ava.*
ASEM, *Royaume de l'Inde au-delà du Gange.*

C'est le même. Voy. la Carte des Indes Orientales par M. de l'Isle, le Dictionnaire de la Martiniere, &c.

ADANA ou ADENA, *Ville de la Natolie sur la riviere de Chaquen*, lisez Choquen.
ADENA ou ADANA, *Ville de Cilicie dans l'Anatolie.*

C'est la même. Voy. la Martiniere.

AJAN, *nom général de la côte orientale d'Afrique.*
AYAN, *la côte d'Ayan ou d'Ajen est en Afrique, dans la haute Ethiopie... Elle est divisée en quatre Royaumes, d'Adel, d'Adea, de Mandagano & de Brava.*

C'est la même chose, mais dans le second Article, *Adea* est un Royaume imaginaire, *Mandagano* est un nom estropié au lieu de Magadoxo, & *Brava* n'est point un Royaume, mais une République.

AMANA, *Isle de l'Amérique septentrionale & une des Lucayes.*
AMANAS, *Isles Turques au nord de l'Isle Espagnole dans l'Amérique. Ce sont les plus orientales.*

C'est la même chose quant aux deux noms, mais les Isles Turques sont différentes de l'Isle Amana. Le second Article est fort défectueux. Voy. la Carte de l'Isle de Saint Domingue par M. de l'Isle, qui apelle Aumane l'Isle apellée ici Amana.

AMBIAN, *Ville & Royaume d'Ethiopie vers le Lac Zaflan.*
AMBIANCATIVE, *Ville & Royaume d'Ethiopie entre la Nubie & le Bagamedri.*

C'eſt la même choſe & ce n'eſt rien, car Ambian & Ambiancative ſont des Royaumes & des Villes imaginaires qui n'ont jamais exiſté que dans de mauvais Dictionnaires. Cela eſt démontré dans la Martiniere au mot AMBIAM. Les Encyclopédiſtes demandent au mot ANSICO : *y a-t-il ſous la Ligne un Royaume apellé Anſico ?* Je leur demande à mon tour : y a-t-il en Ethiopie des Royaumes & des Villes apellées Ambian & Ambiancative?

AMIUAM, *une des Iſles Majottes dans l'Océan Ethiopique, vers les côtes de Zanguebar & l'Iſle de Madagaſcar.*
ANJOUAN *ou* AMIVAN, *Iſle d'Affrique.... C'eſt une de Comorre ou de la Majotte entre l'Iſle de Madagaſcar & la côte de Zanguebar.*

C'eſt certainement la même. Voyez la Martiniere au mot ANJOUAN.

AMOUR *ou* AMOER, *grand Fleuve, Mer, Iſle & Détroit du même nom en Aſie dans la Tartarie Orientale.*
AMUR *ou* AMOER, *Riviere de la grande Tartarie... Elle ſépare le Dauria* (liſez la Daourie) *du pays des Monguls.*

C'eſt la même choſe. Il falloit opter & mettre ſous un ſeul nom & ſous un ſeul Article tout ce qui précede.

ANAGNIE *ou* AGNANI, *Ville d'Italie dans la Campagne de Rome.*
AGNANIE *ou* ANAGNI, *Ville d'Italie dans l'Etat Eccléſiaſtique & la Campagne de Rome.*

C'eſt la même, dit M. de la Martiniere, & cela n'eſt pas douteux.

ANAN *ou* ANNAND, *Fleuve d'Ecoſſe dans ſa partie méridionale.*
ANNAN, *Ville, Château & Riviere de l'Ecoſſe méridionale.*

C'eſt encore la même choſe, & il falloit mettre le Fleuve, la Ville & le Château ſous le même nom.

ANAPODARI, *petite Riviere de l'Iſle de Candie.*
ANPADORE *ou* ANAPODARI *ou* ARPADORE, *Riviere de Candie.*

C'eſt la même. Cela n'a pas beſoin de preuves.

ANCHEDIVE *ou* ANGADIVE *petite Iſle de l'Océan Indien ſur la Côte du Royaume de Décan.*
ANGEDIVE, *petite Ville dans les Indes dans le Royaume de Décan.*

C'eſt la même choſe ; c'eſt une Iſle. On ne connoit point de Ville d'Angedive. Il n'y a plus de Royaume de Décan ; ce pays apartient à l'Empereur du Mogol.

ANDRA *ou* ARDRA, *Fleuve d'Afrique ſur la Côte de Guinée.*
ARDER *ou* ARDRA, *petit Royaume d'Afrique en Guinée.*
ARDRA, ANDRA *ou* ORDA, *Ville d'Afrique dans la Guinée. Il y a auſſi un Royaume de ce nom en Guinée.*

Tout cela devoit être ſous le même nom, mais on ne connoit point le Fleuve *Andra.* Les Encyclopédiſtes ont vu quelque part la lettre R à la ſuite de ce nom, & ils ont cru qu'elle ſignifioit Riviere, mais elle ſignifie Royaume. Ces trois Articles ne ſont propres qu'à embarraſſer les Lecteurs. V. la Martiniere au mot ARDER.

ANTIOCHE, *Ville de la Comagene dans la Syrie.*
ANTIOCHE *sur l'Euphrate dans la Syrie.*

C'est la même. Voy. la Géographie de Cellarius.

APHARSACÉENS, *Peuples de Samarie. Il y eut aussi des Peuples de l'Idumée apellés Apharsiens ou Apharsatéens; on dit des uns & des autres qu'ils s'oposérent à la réédification du Temple après la captivité de Babylone.*
APHARSEKIENS *ou* APHARSACIENS, *Peuples de Samarie qui s'opposerent au rétablissement du Temple.*

Ce sont les mêmes, & les Encyclopédistes ne s'en sont pas aperçus.

ARBORICHES, *Habitans de Zelande.*
ARBORIQUES, *les mêmes que les Armoriques ou Arboricains.*

Les Arboriches & Arboriques sont les mêmes, s'il y a jamais eu des Peuples ainsi apellés, car M. l'Abbé du Bos le nie dans son Hist. de la Monarchie Françoise, liv. 4. ch. 3. Mais ce ne sont pas les mêmes que les Armoricains.

ASSON, *Ville de l'Eolide; c'est maintenant Asso.*
ASSOS, *Ville maritime de Lycie. Autre Ville de même nom dans l'Eolide. Il y en avoit une troisieme en Misnie*, lisez Mysie.

C'est la même. Les Encyclopédistes pouvoient encore en mettre une dans la Troade, & ce seroit toujours la même. Voyez la Martiniere au mot ASSUM. Ces Messieurs nous donnent au mot APOLLONIE une Ville de ce nom *qui a aussi été nommée Margion & Théodosiana & qu'on place en Phrygie.* C'est encore la même qu'asson & Assos.

ASTAFFORD *ou Esterac, contrée de France dans le bas Armagnac.*
ASTARAC *ou* ESTERAC, *petit pays de France en Gascogne, entre l'Armagnac, le Bigorre & la Gascogne.*

Il est certain qu'Esterac & Astarac sont la même chose, malgré les contradictions qui se trouvent entre le premier & le second Article. Les Encyclopédistes disent dans le premier qu'Esterac est dans l'Armagnac; dans le second, qu'il est *en Gascogne entre l'Armagnac le Bigorre & la Gascogne.* Ces expressions ne sont ni justes ni heureuses. Astafford est une Ville du Condomois, qu'on confond ici avec Esterac, parce qu'il y a aparence que le Copiste a sauté, sans s'en apercevoir, du mot Astafford à l'explication du mot Astarac, comme il a fait au mot ANASTASIOPLE dont je parlerai bientôt.

Autres Articles Géographiques défectueux.

Je n'entreprends pas de citer ici tous les Articles Géographiques du premier volume de l'Encyclopédie où il y a des erreurs, ce feroit une trop grande entreprise. J'ai seulement dessein d'en donner des exemples en différent genre.

ABATOS, *Isle d'Egypte dans le Palus de Memphis.* Les Encyclopédistes ont copié M. de Claustre, qui dans sa Lettre à M. l'Abbé des Fontaines insérée au Tome 10 des Jugemens sur quelques ouvrages nouveaux en 1745, a désavoué cet Article en ces Termes : „ Je l'ai dit d'après „ le Dictionnaire de la Martiniere qui l'a copié dans celui „ de Thomas Corneille. C'est ainsi „ que les erreurs se multiplient „ lorsqu'on compte trop sur l'exactitude des Copistes, car ces „ paroles ne sont point exactes, „ ainsi *deleantur*. En effet, Abatos n'est pas une Isle, mais un „ Rocher bien éloigné du Palus „ de Memphis. Voyez Remarques de M. Gibert sur le Dict. Mythol. de M. de Claustre, dans le Contrôleur du Parnasse. Les Encyclopédistes & l'Editeur du Moreri de 1759 n'ont pas connu ces Remarques.

ACCHO, *Ville de Phénicie qui fut donnée à la Tribu d'Azer. Il y en a qui prétendent que c'est la même qu'Ace ou Ptolemais, d'autres que c'est Accon.* Messieurs les Encyclopédistes auroient dû nommer ceux qui distinguent *Accho*, *Ace*, *Ptolemais*, *Accon*, s'ils les connoissent, car les bons Géographes ne les distinguent point. V. Sanson, Cellarius, Reland, l'Onomasticon Bonfrerii, &c.

ACHAIE, *ancienne Province de Grece située entre la Thessalie, l'Epire, le Peloponese & la mer Ægée qu'on nomme aujourd'hui Livadie, ou la Province du Peloponese qui s'apelle maintenant le Duché de Clarence.* Les Encyclopédistes ont été malheureux sur cette partie de la Grece, ou sont aujourd'hui la Livadie & la Morée, on en verra encore des preuves dans l'Article ASOPE. Ils confondent ici la Livadie avec le Péloponese, & le Péloponese avec le Duché de Clarence, ou plutôt ils donnent un galimathias où on ne comprend rien. Ils disent sur la Diphtongue Æ, qu'on ne l'a pas conservée dons l'Ortographe Françoise, qu'ainsi on écrit : *Enée*, *Enéide* ; pourquoi donc écrivent-ils Ægée ?

AGRIGNON, *l'une des Isles des Larrons ou Marianes.* Jamais une des Isles Marianes, ne s'est apellée *Agrignon*, mais Agrigan.

ALTIN, *Ville & Royaume de même nom en Afrique, dans la grande Tartarie proche l'Obi.* Transporter l'Afrique dans la Grande Tartarie, est une faute trop lourde pour l'attribuer à l'Auteur, mettons-là sur le compte de l'Imprimeur, il s'en défendra comme il pourra.

AMACORE, *riviere de l'Amérique Septentrionale qui tombe dans la Caribone & se jette dans la mer du Nord, aux environs de l'embouchure de l'Orénoque.* Il est certain que l'Amacore & l'Orénoque, sont deux rivieres de l'Amérique Méridionale & non pas Septentrionale. La Caribane & non *la Caribone*, est une Province & non pas une riviere. Le Dictionnaire de Corneille dit fort bien que l'Amacore arrose la Caribane ne & non pas qu'elle tombe dedans. Les Encyclopédistes ont eu le malheur de copier de mauvais Dictionnaires, & souvent de les mal copier ; que ne copioient-ils Corneille en cet endroit ; il n'est pourtant pas certain que l'Amacore soit une Riviere réelle : le P. Gumilla n'en dit rien dans son Histoire de l'Orénoque.

AMANGUER, *Ville d'Asie dans l'Isle de Niphon sur la côte occidentale de Jamaysoti.* Il n'y a point de Ville d'*Amanguer* dans l'Isle de Niphon, mais une Ville nommée Amanguci ou Yamanguchi, comme écrit M. de Lisle. Tout l'Article est défectueux.

AMAXITE, *ancienne Ville de la Troade ou Apollon eut un Temple dont Chryses fut Grand-Prêtre.* Chryses étoit Grand-Prêtre à Chrysa & non pas à Amaxite. V. Madame Dacier sur Homere.

AMBOHISTMENES, *Peuples d'Afrique qui habitent les Montagnes de la partie orientale de l'Isle de Madagascar.* Les Encyclopédistes prennent certainement ici des montagnes pour des hommes, car les Ambohistmenes sont, dit M. de la Martiniere, de hautes Montagnes de couleur rouge. On lit sur les Cartes de M. de Lisle : Montagnes rouges ou Ambohistmenes. Sur les Cartes de M. d'Anville : Ambohistmenes ou Montagnes rouges. Les Ambohistmenes sont donc des *Peuples* comme les Alpes & les Pyrénées.

AMDENAGER, *un des Royaumes de Kumkam ou du grand Pays compris entre le Mogol & le Malabar.* Il y a ici plus d'erreurs que de mots. 1°. Les Encyclopédistes prennent pour un Royaume une Ville dont ils estropient le nom, ou bien ils l'ont trouvé estropié dans quelque mauvais Dictionnaire. Andanagar, comme écrit M. de la Martiniere, étoit une Ville du Royaume de Décan & non pas du Royaume de Kunkam. 2°. Il n'y a point aujourd'hui de Royaume de Kunkan ni même de Décan. L'Empereur du Mogol a tout englouti. 3°. Donner pour bornes à un pays le Mogol & le Malabar, c'est prendre trop d'espace pour qu'on puisse le trouver aisément sur les Cartes Géographiques, dont il seroit à souhaiter que le Géographe Encyclopédique eut fait un plus grand usage. Je parle des Cartes de Messieurs Sanson, de Lisle & d'Anville, car il faut bien se garder de suivre les Cartes de M. de Fer qui fourmillent de fautes. Vitsen a mis dans sa Carte de Tartarie, que M. de Fer dit avoir copiée, *Deserta loca*, ce qui signifie Lieux deserts ; & M. de Fer met *Deserts de Loca.*

AMYELES, *ancienne Ville d'Italie, dans le pays des Aruncins.... Elle donna son nom au Golfe que nous apellons de Gaete & qui se nommoit le Golfe d'Amyeles.* Les Encyclopédistes ont fait ici une bévue grossiere qu'on ne peut pas attribuer à l'Imprimeur, car cet Article d'Amyeles est placé après celui d'Amydonnier, & il seroit placé avant, avec celui d'AMYCLES, *Ville du Péloponese*, s'ils n'avoient pas pris un C pour un E. Il est certain qu'il n'y a jamais eu de Ville d'Amyeles en Italie, mais une Ville d'Amycles, Colonie d'Amycles du Péloponese. Cette prétendue Ville d'Amyeles n'est donc fondée que sur une faute d'impression, copiée d'après une mauvaise édition de quelque mauvais Dictionnaire. Ce n'est pas la seule fois que Messieurs les Encyclopédistes ont fondé un Article sur une faute d'impression. Comme ils copient souvent le Moreri, souvent aussi ils copient le Dictionnaire Mythologique de M. l'Abbé de Claustre. Les Articles ADRAMUS, ALITEUS, AMBULTI, dans le Dictionnaire Mythologique, ne sont aparemment que des fautes d'impression. M. de Claustre a sans doute prétendu dire Adranus, Aliteus, Ambulii. Les Encyclopédistes n'ont pas pensé que l'Imprimeur de M. de Claustre pouvoit se tromper, ils ont copié sans examen, ils ont rendu fidelement les Articles Adramus, Aliteus, Ambulti. M. de Claustre lui-même s'est trompé en donnant un mauvais Article d'Argoreus après avoir donné celui d'Agoreus. Les deux Articles se trouvent encore dans l'Encyclopédie. J'expliquerai tout cela un peu plus au long quand j'en serai à la partie Mythologique.

ANASTASIOPLE, *ou Isle de saint Joachim, une des Mariannes ou Isles des Larrons.* Rien n'est plus plaisant que la méprise du Géographe Encyclopédique en cet endroit. Le Supplément au Moreri de 1716 est un des Livres qu'il a choisis pour mettre à contribution. Le choix n'est pas excellent: n'importe, il vouloit en tirer l'Article ANASTASIOPLE. Cet Article y est suivi de celui d'ANATAJAN dans cet ordre:

Anastasiople, *Ville Episcopale de la Galatie........*

Anatajan, *ou l'Isle de saint Joachim, l'une des Isles Marianes ou des Larrons........*

Le Copiste après avoir mis en titre Anastasiople, a eu une forte distraction. La ressemblance des premieres lettres des deux Articles a trompé ses yeux. Il a passé sans s'en appercevoir du mot ANASTASIOPLE, à l'explication d'ANATAJAN, qu'il a enfilée & cousue à Anastasiople & par-là il n'a fait qu'un saut d'un bout de l'Asie à l'autre, d'une Ville de Galatie aux Isles Marianes, que l'Empereur Anastase, dont la Ville de Galatie portoit le nom, n'a jamais connues. Le Titre *Episcopale*, donné à propos à Anastasiople dans le Supplément de Moreri, a été supprimé dans l'Encyclopédie, qui ne se trompe point comme le Moreri, en mettant des Evêchés ou il n'y en a point, car elle n'en dit mot.

ANAZARBE, *s'apella aussi Diocésarée, Césarée Auguste & Justinianopolis.* Elle n'a jamais eu aucun de ces trois noms. V. la Martiniere.

ANDRES (*Géogr. Anc.*) *Ville ancienne de Galatie située près d'Ancyre.* Il falloit mettre, Géographie Moderne, & non pas Géographie Ancienne, car il est certain que le nom ancien d'Andres étoit *Androsia.* V. Cellarius, la Martiniere, &c. Andres est le nom moderne d'une Bourgade de la Natolie dans la Province de Bolli. J'avertis une fois pour toutes qu'il ne faut pas se fier aux qualifications de *Géogr. Anc.* ou *Géogr. Mod.* qu'on trouve dans l'Encyclopédie, car il y a souvent erreur.

ANTEDONE, *petite Ville de Grece entre Negrepont & Talandi.* Si cela étoit vrai, Antedone seroit dans la mer. On sçait que Negrepont est une Isle. Ortelius & d'autres Savans Géographes, pensent qu'Antedone est Talandi même.

ANTICAUCASE (*Géogr. Mod.*) *Montagne de Séleucie dont parle Strabon. L'Anticaucase est au Nord du Pont Euxin, à l'opposite du Caucase.* On ne voit pas pourquoi le nom d'Anticaucase est un nom de la *Géogr. Mod.* plutôt que de la Géographie Ancienne. Ce qui est véritablement moderne, c'est ce qu'on debite dans cet Article, car Strabon n'a point parlé de l'Anticaucase, mais de l'Anticasius montagne de Syrie. Il dit que les Monts Casius & Anticasius sont au midi de Seleucie, mais Seleucie n'est certainement pas au Nord du Pont Euxin où la placent les Encyclopédistes qui ont métamorphosé l'Anticasius en Anticaucase, elle est auprès d'Antioche, très-loin du Pont Euxin, mais fort près de la mer Méditerranée. Voyez la Carte d'Assyrie par Sanson, & celle de Syrie par Cellarius. J'ai observé que nos Auteurs de Dictionnaires, n'ont fait aucun usage des Tables Chronologiques, Généalogiques & Géographiques, dont la seule inspection leur eut fait éviter une infinité de bévues, dans lesquelles ils sont tombés par cette négligence.

ANTIGONIE, *Ville de la Propontide, apellée aujourd'hui Isola del Principe.* Les Encyclopédistes nous donnent en François Antigonie pour une Ville, & en Italien pour une Isle. C'est véritablement une Isle du Bosphore de Thrace, apellée aujourd'hui Isle du Prince ou plutôt de la Princesse, parce qu'elle a servi de retraite à des Princesses qui y ont vécu dans le Célibat. V. La Martiniere.

ANTIGONIE *ou Antigonée, ville de la Macédoine dans la Mygdonie, sur le Golfe de Thessalonique. C'est la Thermaique des Anciens, Cojogna du tems de Pline, aujourd'hui Antigoca.* Que d'erreurs ! 1°. Ce n'est pas Antigonie, c'est le Golphe de Thessalonique qui étoit apellé le Golphe Thermaique par les Anciens. 2°. Antigonie ne s'apelloit pas *Cojogna* du tems de Pline, mais du Pinet son Traducteur l'a nommée ainsi environ 1600 ans après la mort de Pline qui n'a jamais sçu la langue Italienne, & n'a jamais entendu parler ni d'*Isola del Principe*, ni de *Cojogna*. 3°. Il falloit dire qu'elle est nommée aujourd'hui Antigoca & non pas *Antigoea*.

ANTILLES (*Géogr. Mod.*) *Isles de l'Amérique, disposées en forme d'arc entre l'Amérique méridionale & l'Isle de Porto Rico proche la ligne. Les grandes sont Saint Domingue, Cuba, la Jamaïque & Porto Rico.* Les Encyclopédistes ont copié le Dictionnaire de M. Vosgien, mais il suffit de jetter les yeux sur une Carte d'Amérique, pour s'apercevoir que cette définition est défectueuse. 1°. Les Antilles ne sont pas entre l'Amérique méridionale & Porto Rico, puisque, suivant M. Vosgien & les Encyclopédistes, Porto Rico même est une des Isles Antilles. 2°. M. de l'Isle dans son Introduction à la Géographie, dit que « sous le nom d'Antilles on » comprend toutes ces Isles qui » sont entre la presqu'Isle de la » Floride & les embouchures de » la riviere d'Orenoque dans l'A» mérique méridionale. Cette explication me paroît meilleure.

ANTIPATRIDE. *Il y a eu deux Villes de ce nom, l'une en Palestine du côté de Jaffa vers la mer, maintenant ruinée, l'autre en Phénicie, sur la côte de la Méditerranée à seize milles de Jaffa.* Ces deux prétendues Villes n'en font assurément qu'une, car la *Palestine, Jaffa & la mer*, assignées pour la premiere Antipatride; *la Phenicie la Méditerranée & Jaffa* données pour la seconde, sont ici la même chose. C'est ainsi que le Moreri de 1759, nous donne dans les Articles d'ADRIA & dans celui d'ATRI, six Villes au lieu de deux; en donnant quelqu'arrangement au désordre qui s'y trouve, il en résulte qu'il place la premiere *dans l'État de Venise*; la deuxieme *proche la mer d'Illyrie*, la troisieme *proche le Po*; & néanmoins ces trois Villes ne sont que la seule & même Venise dans la mer Adriatique. Il place la quatrieme *dans le Royaume de Naples*, la cinquieme *dans le Picenum*, la sixieme *dans l'Abruzze ulté-*

ricure ; & ces trois dernieres Villes ne forment encore que la seule Ville d'Atri au Royaume de Naples. On pourroit par cete méthode compter plusieurs Villes de Rome ; il ne s'agiroit que d'en placer une dans le Latium, l'autre dans l'Etat Ecclésiastique, la troisieme sur le Tybre, &c. La plûpart des Compilateurs n'entendent point ce qu'ils compilent.

APENNIN, *chaine de Montagnes...... Toutes les rivieres d'Italie y prennent leur source.* Le Po prend pourtant la sienne dans les Alpes, &c.

APOLLONIE *ou Apolloniensis*, *Ville de Sicile près de Léontine.* On ne sçait ce que signifie ici le mot *Apolloniensis*, & les Léontins étoient bien loin de là. Cluvier a prouvé qu'il faut dire près des Alontins dont Cicéron parle dans ses Oraisons contre Verres. Les Encyclopédistes ont parlé de plusieurs autres Apollonies dans cet Article, avec très-peu d'exactitude. *Apollonie sur le mont Athos.* Il n'y a jamais eu d'Apollonie sur le mont Athos. *Apollonie dans la Mysie, en Asie mineure...... qu'on soupçonne avoir été notre Lupadie en Anatolie sur la riviere de Lupadi.* C'est une erreur. « Cette Apollonie, dit M. » de la Martiniere, conserve en- » core son ancien nom un peu » corrompu en celui d'Abouillo- » na ; Lupadi ou Loubat est fort différent. *Apollonie en Asie mineure entre Ephese & Thyatire.* C'est une Ville imaginaire qu'il faut rayer de l'Encyclopédie. *Une Apollonie qui a aussi été nommée Margion.* C'est la même que l'*Asson* & l'*Assos*, dont j'ai parlé page 64. *Une Apollonie de Syrie au pied du mont Cassius*, lisez Casius & consultez la Martiniere sur les Apollonies que les Encyclopédistes n'ont gueres mieux connues que les monts Casius & Anticasius. Voyez ce que j'ai dit sur leur Anticaucase page 82.

ARADUS, *Isle & Ville de la Phénicie sur la côte de la mer de Syrie proche de Tortose, qui se nommoit Antaradus & Orthosias.* Les Encyclopédistes copient Moreri & se trompent comme lui. Antaradus aujourd'hui Tortose étoit différente d'Orthosias qui se nommoit encore Sarchais. C'étoient deux Evêchés distincts. V. Charles de saint Paul, l'Abbé de Commanville, le Pere le Quien, &c.

ARAM, *Ville de la Mésopotamie de Syrie, patrie de Balaam.* Aram n'étoit point une Ville de Syrie, mais la Syrie même. V. Les Dictionnaires de Calmet & de la Martiniere, l'Histoire de Shuckford Tome I.

ARARATH, *haute Montagne d'Asie en Arménie, sur laquelle l'Arche de Noé se reposa suivant la Vulgate.* Les Encyclopédistes copient le Dictionnaire de M. Vosgien qui s'est trompé, car la Vulgate ne parle point du mont Ararath, mais des montagnes d'Arménie. Bochart, quoique Protestant, possédoit mieux la Vulgate, car il dit dans son Phaleg. Liv. premier, ch. 3. *Pro montibus Ararat Vulgatus interpres habet montes Armeniæ.* Bochart prouve que le mot Ararat, signifie l'Arménie & non pas une montagne. Il est dé- » montré, dit M. Saurin dans son » neuvieme discours sur la Bible, » que par le mot d'Ararat em- » ployé dans divers endroits de » l'Ecriture, il faut entendre l'Ar- » ménie ; c'est dans ce sens que » le prennent les Septante, la » Vulgate, Théodoret, &c. Ararath n'est donc point une haute montagne, & la Vulgate ne dit point que l'Arche de Noë s'y reposa. M. Vosgien & les Encyclopédistes l'ont citée mal à-propos. L'Arche s'arrêta sur les monts

Gordiens. V. Géograph. Cellarii Lib. 3°. c. 11°.

ARASH, *Ville de la Province d'Asgar, au Royaume de Fez, dans l'endroit où la riviere de Luque entre dans l'Océan.* On ne connoît point aujourd'hui *Arash*, mais Larache, située sur la riviere de même nom, qui ne s'est jamais apellée Luque. V. Dapper, la Martiniere, M. Nicolle de la Croix.

ARBATA, *Ville de la Tribu d'Issachar.* Arbata n'étoit point une Ville. C'est un nominatif plurier qui signifie des lieux champêtres & incultes. V. Calmet sur le v. 23 du ch. 5 du premier des Macch. Géograph. du Pere Lubin sur les Annales d'Usserius, &c.

ARCE, *Ville de Phénicie. C'est la même que Césarée de Philippe.* Les Encyclopédistes se trompent avec Moreri qu'ils copient, car Arce n'est point la même que Césarée de Philippe. V. Reland, Cellarius, la Martiniere, &c.

ARGINUSES, *petite Ville de Grece à la vue de laquelle les Athéniens vainquirent les Lacédémoniens.* Diodore de Sicile, Thucydide & Xenophon, disent que cela arriva à la vue des Isles Arginuses. Elles étoient auprès de l'Isle de Lesbos, vis-à-vis Mytilene. Il y en avoit trois. V. Cellarius.

ARMENIE. *Le Paradis Terrestre y étoit situé.* Cela est trop affirmatif. Il falloit dire que c'est un des trois sentimens les plus autorisés ; car M. Huet le place sur le fleuve que produit la jonction de l'Euphrate & du Tigre ; & le Pere Hardouin dans la Palestine vers la source du Jourdain. Le sentiment du Pere Hardouin est, selon M. de la Martiniere, une espece de vérité démontrée quand on rassemble ses preuves.

AROER, *Ville de la Judée proche la riviere d'Arpon.* Bernard a mis malheureusement *Arpon* au lieu d'Arnon, dans son Suplément de Moreri en 1716 ; & depuis ce tems tous les Editeurs du Moreri, sans excepter celui de 1759, nous donnent une riviere d'Arpon. Messieurs les Encyclopédistes y ont été trompés en copiant le Grand Dictionnaire. On voit par-là qu'une faute d'impression a d'étranges suites. On trouve encore dans l'Encyclopédie une faute plus considérable, car on y renvoye d'AR à AROER comme si c'étoit la même Ville, & c'étoient deux Villes très-distinctes. Ar étoit la Ville Capitale des Ammonites, & elle s'apelloit aussi Areopolis & Rabbat Moab, mais Aroer étoit une Ville des Israëlites dans la Tribu de Gad. Ar étoit sur le bord méridional de la riviere d'Arnon, & Aroer sur le bord Septentrional. V. Bonfrerius, Cellarius, Reland, Calmet ; la Carte du Patriarchat de Jerusalem par M. d'Anville dans l'*Oriens Christianus* du Pere le Quien, & la Carte de la Palestine par le même, dans l'Histoire des Empereurs de M. Crevier.

ARRACIFES, *une des Isles des Larrons dans la mer Pacifique vers les Terres Australes.* Il n'y a aucune des Isles des Larrons ainsi nommée. Les Encyclopédistes ont pris les recifs de Hemskerk dans les Isles de Salomon, pour une des Isles des Larrons ou Marianes, qui sont bien éloignées des Terres Australes, à plus de 800 lieues des Isles de Salomon.

ARTOMAGAN *ou Aromaga, une des Isles des Larrons dans la mer Pacifique. C'est celle qui occupe le milieu.* On ne connoît point d'Isle de ce nom parmi les Isles des Larrons. C'est sans doute de l'Isle Alamagan que les Encyclopédistes veulent parler, mais elle n'occupe pas tout-à-fait le milieu.

ASNA, *Ville d'Egypte sur le Nil. On prétend que c'est l'Ancienne Syenne*, & au mot ASUAN on dit que *quelques Géographes la prennent pour Syenne même.* N'est-ce pas là préparer des tortures aux Lecteurs ? Syene étoit incontestablement sur la rive orientale du Nil, & Asna est sur la rive occidentale, on a donc tort de prétendre qu'Asna étoit l'ancienne Syené. Assuan qui est sur la rive orientale, occupe réellement la place de Syene & non pas de *Metacompso*, comme quelques Géographes le disent dans l'Encyclopédie. Rien n'est plus embarrassant que ces sortes d'assertions qui multiplient les doutes au lieu de les résoudre.

ASOPE, *fleuve d'Asie dans la Béotie, aujourd'hui la Morée. C'étoit un bras du Céphyse qui passoit par Thebes.* Que de bévues ! 1°. L'Asope n'a jamais été un fleuve d'Asie mais d'Europe ; & c'est en Europe qu'ont toujours été la Béotie & la Morée sans jamais changer de place. 2°. La Béotie n'est pas aujourd'hui la Morée, mais elle fait partie de la Livadie. La Morée d'aujourd'hui s'apelloit autrefois le Péloponese. 3°. L'Asope n'étoit point un bras du Cephise. 4°. Il ne passoit point par Thebes. On trouve dans les Géographes un Asope dans l'Asie mineure, un autre dans la Béotie, un troisieme dans la Morée ; les Encyclopédistes des trois n'en ont fait qu'un, & ils nous disent savamment que l'Asope est un *fleuve d'Asie dans la Béotie, aujourd'hui la Morée.* Comme l'Editeur du Moreri de 1759 a puisé dans la même source que les Encyclopédistes, il est tombé dans les mêmes fautes. Il ne place pourtant pas son Asope dans l'Asie, il dit que c'est une *riviere de Grece dans la Béotie aujourd'hui dans la Morée...* Si ces Compilateurs avoient pris la peine de consulter une Carte de Grece, ils auroient vu que l'Asope pour se rendre de la Béotie dans la Morée, seroit obligé de faire le saut de l'Isthme de Corinthe. Le Moreri de 1759 a donné un Article d'ASOPE, *riviere de Thessalie*, & un autre Article d'ASOPE, *riviere de Macédoine.* C'est pourtant la même riviere. Il y a aussi d'autres fautes dans le reste de l'Art. *Asope* de l'Encyclopédie. Je renvoie à la Martiniere.

ASOR. *Il y a eu plusieurs Villes de ce nom. Une qui fut capitale du Royaume de Jabin... Asor fut encore le nom d'un pays étendu de l'Arabie déserte.* C'est la même chose. C'est la Ville d'Asor, Capitale du Royaume de Jabin. *Le pays étendu de l'Arabie déserte*, nommé Asor est une chimere tirée du Moreri qui cite le verset 28 du quarante-neuvieme chap. de Jérémie, que les Editeurs n'ont point entendu. On peut consulter sur ce Verset Maldonat, Grotius & d'autres Interpretes.

ASSUR (*Géogr. anc. & mod.*) *Ville d'Asie sur la côte de Syrie ; elle est presqu'entierement ruinée.* Il faut assurément qu'elle le soit tout-à-fait, car les plus savans Géographes ne la connoissent point & ne savent où elle étoit située. Les Encyclopédistes en la mettant sur la côte de Syrie prennent assez d'espace & assez de tems en la raportant à la Géographie ancienne & moderne ; mais ce n'en est pas moins une Ville chimérique. Assur, selon M. Reland, est un nom corrompu.

ASTAMAR, *grand Lac du pays des Indes dans la Turcomanie.* Comme l'Encyclopédie a placé *l'Afrique dans la grande Tartarie*, Anastasiople *dans les Isles Marianes*, la Béotie & la Morée *en Asie* ; je ne suis point surpris qu'elle place les Indes dans la

Turcomanie. Je l'ai déjà dit & je le répete. Les Imprimeurs de l'Encyclopédie peuvent avoir bonne part à plusieurs de ces fautes ; mais en ce cas ils seroient plus coupables que cet Imprimeur dont le célebre Henri Etienne s'est si fort moqué, parce que toutes les fois qu'il rencontroit les mots *Procus*, *Procum*, *Procos*, il les changeoit en *Porcus*, *Porcum*, *Porcos*. Celui-ci ne dérangeoit qu'une lettre de place ; mais les autres transportent de vastes pays dans des contrées qui ne pourroient pas les contenir. Chevillier, Docteur de Sorbonne, raporte dans son Origine de l'Imprimerie un exemple bien sensible du desordre que les fautes d'impression peuvent causer. Le Docteur Flavigny écrivant contre Echellensis cita ces paroles de l'Ecriture : *Quid vides festucam in oculo fratris tui ?* La premiere lettre du mot *oculo* s'échapa fortuitement des formes quand l'Imprimeur toucha à une ligne mal dressée. Echellensis fulmina & accusa Flavigny d'impiété. Flavigny s'emporta à son tour contre l'Imprimeur & dit qu'il falloit que la fievre chaude lui eut fait perdre l'esprit & qu'il fut devenu phrénétique quand il imprima le mot avec cette faute, & sa colere n'étoit pas tout-à-fait éteinte trente ans après.

ASUGA, *Ville d'Afrique au Royaume d'Ambiam en Abyssinie.* Cette Ville est aussi chimérique que le Royaume où on la place. Le mauvais Dictionnaire François de Baudrand, que les Encyclopédistes copient, met cette Ville en Abyssinie, à quelques lieues de la ligne du côté du midi, " mais „ comme il s'en faut au moins „ sept degrés, dit M. de la Marti-„ niere, que l'Abyssinie ne s'étende „ jusqu'à l'Equateur, elle ne sçau-„ roit avoir de Villes au midi de „ la ligne ; la preuve est claire.

ATAROTH. Les Encyclopédistes mettent dans cet Article une Ville de ce nom *sur les confins de la Tribu d'Ephraim*, & une autre *apellée Ataroth Addar dans la Tribu d'Ephraim*. C'est la même. L'Encyclopédie copie toujours Moreri & s'égare toujours avec son guide.

ATHAMAS, *Riviere d'Etolie, dont les eaux, dit Ovide, allumoient une torche si on l'y trempoit au dernier quartier de la Lune.* Les Encyclopédistes sont bien crédules. Ovide ne parle point de la Riviere d'Athamas. „ La faute que „ les Traducteurs ont commise, „ dit M. l'Abbé Banier, en pre-„ nant le Peuple Athamane pour „ une Riviere m'a paru trop gros-„ siere pour ne la pas relever. " Il s'agit dans Ovide de la Fontaine de Dodone qui coule dans le pays des Athamanes. Voyez les Notes de M. Banier sur les vers 311 & 312 du quinzieme livre des métamorphoses.

AVOGASSE (*Géog. anc. & mod.*) *Province d'Asie entre la Mer noire, la Géorgie & la Comanie.* Le mot Avogasse n'est ni ancien ni moderne. Les Encyclopédistes ont voulu dire Avogasie, mais le nom d'Avogasie est le nom corrompu d'Abgasie. Voyez la Martiniere au mot AVOGASIE.

AURIOLE, *petit Royaume de la presqu'Isle de l'Inde en deçà du Gange ou du Malabar.* Quelle Géographie ! Si ce Royaume étoit en deçà du Malabar, il seroit dans la mer, mais c'est en effet un Royaume imaginaire. Davity, Compilateur très-peu exact a pris le nom d'un Roi pour le nom d'un Royaume, & il a été copié par le Bénédictin qui a donné un mauvais Dictionnaire Géographique François sous le nom de Baudrand, par Maty, Auteur très-fautif, & par les Encylopédistes.

Voyez la Martiniere au mot AURIOLE.

AZER (*Géogr. Sainte.*) *Ville de la Palestine au-delà du Jourdain dans la Tribu de Manassé, sur le chemin qui conduit à Sidon.* Il est évident que les Encyclopédistes connoissent très-peu la Ville d'Azer, car 1°. elle n'étoit pas au delà, mais en deçà du Jourdain. 2°. Aser n'étoit pas sur le chemin qui conduit à Sidon, car Sidon en Phénicie étoit si éloigné d'Aser, qu'il n'y a jamais eu de chemin d'une de ces deux Villes à l'autre : d'ailleurs ces Messieurs ne disent point d'où partoit ce chemin qui conduisoit d'Aser à Sidon; ils se sont donc exprimés comme s'ils avoient dit que Douay est sur le chemin qui conduit à Rome. 3°. Saint Jérome, l'Itinéraire Jerosolymitain & les Géographes nous aprennent qu'Aser étoit sur le chemin de Naplouse à Scytopolis. Les Compilateurs de l'Encyclopédie devoient copier sur la Géographie Sainte, Bonfrerius, Sanson, Reland, Cellarius, Ligfoot.

AZIOTH, *petite Ville de la basse Egypte sur le Nil. On croit que c'est l'ancienne Hephæstus Rubastus ou Rubastis, ainsi apellée des Egyptiens, parce qu'ils y adoroient Diane sous le nom de Dea Rubastis.* L'Imprimeur du Dictionnaire François de Baudrand a mis par malheur une fois *Rubastus* & deux fois *Rubastis* au lieu de *Bubastus* & *Bubastis*, le Géographe Encyclopédique n'a pas manqué de copier ces fautes d'impression. C'est ce qu'il a fait en plusieurs autres endroits. J'en ai déjà donné des exemples auxquels on peut ajouter le *Pompejan* pour le Popayan de l'Article ANGASMAYO; *Gustro Argiro* pour Castro Argyro de l'Article ANTIGONIE. La *Colæsinie* pour la Célésyrie au mot ABYLA, &c. C'est encore une erreur de confondre *Hephæstus* avec *Bubastus*, car c'étoient deux Villes différentes, deux Evêchés éloignés l'un de l'autre : Hephæstus étoit *in Augustamnicâ primâ* & Bubastus *in Augustamnicâ secundâ.* Voyez la Géographie Sacrée de Charles de Saint Paul, L'Abbé de Commanville, &c. J'ai reconnu des fautes dans plusieurs autres Articles, tels sont : ABANTÉENS, ABANTES, ABIENS, ABYLA, ACARNANIE, ADRIATIQUE, ADRUMETE, ALLEMAGNE, AMAIA, AMPHRYSE, ANEWOLONDANE, ARABA, ARAMA, ARAQUIL, ARBELLES, ARCANE, ARCEE, ASCHMOUN, ASCHMOUNIN, ASPENDUS, ASSEDIM, ATAD, ATROPATENE, ATTUAIRES, AVRANCHES, AXAMIENS, &c. Il est très-certain qu'il y a dans le Dictionnaire Encyclopédique, un grand nombre d'erreurs Géographiques qui ne sont point excusables dans un siecle aussi éclairé que le nôtre. L'Auteur du Discours Préliminaire de l'Encyclopédie, s'écrie dans une espece d'Enthousiasme : *Quel avantage n'auroit-ce pas été pour nos Peres & pour nous, si les travaux des Peuples Anciens, des Egyptiens, des Chaldéens, des Grecs, des Romains, &c. avoient été transmis dans un Ouvrage Encyclopédique!* J'ose assurer que si les travaux Géographiques de ces Peuples avoient ressemblé aux travaux Géographiques de Messieurs les Encyclopédistes, ç'auroit été un malheur qu'ils eussent été transmis à la postérité, car elle se seroit trouvée chargée d'erreurs monstrueuses où les Cluviers, les Bocharts, les Briets, les Cellarius, malgré leur sagacité, n'auroient rien compris. La plûpart de ces erreurs sont tirées du Moreri, mais cela n'excuse pas les Auteurs de l'Encyclopédie. Ils devoient examiner ce qu'ils transcrivoient.

voient. Ils devoient s'apercevoir que le Moreri est si fautif, qu'il n'y a aucun fonds à faire sur ce qu'il dit. On ne sçauroit trop précautionner les Lecteurs contre cet Ouvrage. J'ai déjà cité, page 29 & suivantes, quelques-unes des fautes Géographiques qu'on trouve dans le premier Volume; j'en ajoute ici quelques autres encore prises de l'Edition de 1759. Cela me donnera lieu de remarquer plusieurs Articles copiés par les Encyclopédistes dont je n'ai rien dit.

ABENBOHEN, *c'est-à-dire, Pierre du Pouce; nom que les Israélites de la Tribu de Ruben donnerent à la borne qui les séparoit de la Tribu de Juda; c'étoit une grande pierre qui avoit la figure d'un four & qui paroissoit être de Marbre. Elle étoit placée sur le chemin qui menoit à l'Adonis, riviere de Phénicie.* Quelles pauvretés! cette prétendue pierre *qui avoit la figure d'un four*, étoit une Ville sur le chemin qui menoit à la Ville d'Adommin, & non pas à la riviere d'Adonis qui en étoit à plus de 80 lieues, & dont il ne s'agit nullement ici. V. Mariana & le Clerc sur Josué. Moreri cite *Masius in Judic. c. 5*, où il n'est pas dit un mot d'Abenbohen; & Masius n'a point écrit sur le Livre des Juges. Abenbohen ne séparoit pas la Tribu de Ruben de la Tribu de Juda, ces deux Tribus étoient suffisamment bornées par la Mer morte & le Jourdain, mais Abenbohen étoit, comme le dit Saint Jerome, sur les confins de la Tribu de Benjamin & de celle de uda. On a donc confondu dans Moreri, la Tribu de Benjamin avec la Tribu de Ruben, la Ville d'Adommin avec la riviere d'Adonis; une Ville avec une pierre qui avoit la figure d'un four.

ABIENS, *Peuples de Scythie .... Homere, qui fait mention de ces peuples, témoigne qu'ils se nourrissoient de lait de Cheval. Homer. Iliad. 2.* Lisez 13.

AGAVES, *Peuples Septentrionaux, dont Homere fait mention au commencement du Liv. 3 de l'Iliade*; lisez au commencement du Liv. treize.

HIPPOMOLOGUES, lisez Hippomolgues, *anciens Scythes ainsi nommés, parce qu'ils tiroient le lait des Cavales.*

Ces trois peuples de Moreri doivent être réduits à un seul, aux Abiens. Le mot *Agaves* en Grec signifie Illustres, & le mot *Hippomolgues* « est moins, dit M. » de la Martiniere, le nom particulier d'une nation qu'une » Epithete qui signifie des gens » qui se nourrissent du lait des » cavales, ce qui étoit commun » à certains peuples de Thrace de » Sarmatie & d'autres. V. La Traduction des premiers vers du treizieme livre de l'Iliade par Eobanus Hessus, & M. Freret dans ses Recherches sur l'origine de l'art de l'Equitation dans les Mém. de l'Acad. des Inscript.

ABSYRTE, *Fleuve de Colchos qui se décharge dans la mer Adriatique & qui tire son nom d'Absyrte tué par Médée.* Moreri cite Lucain, Pline & Strabon qui n'ont point parlé de ce prétendu Fleuve. Charles Etienne copié par Moreri n'a point entendu le cent quatre-vingt-dixieme Vers du troisieme Livre de la Pharsale.

Colchis & Adriacas spumans Absyrtis in undas.

Il s'agit là d'une Isle & non d'un Fleuve. Moreri au mot ABSYRTIDES dit que c'est *le nom de deux Isles situées dans l'ancienne Liburnie, vers l'embouchure de l'Ab-*

M.

ſyrte, dans la mer Adriatique. S'il y a jamais eu un Fleuve Abſyrte, il étoit dans l'Iſle du même nom, & ce n'étoit qu'un ruiſſeau, ainſi les Abſyrtides n'étoient pas vers l'embouchure de l'Abſyrte. Cluvier compte quatre Abſyrtides, V. *Brietii Parallela*, & la Martiniere au mot APSYRTIDES.

ABYDOS, *Ville de l'Aſie Mineure ou Natolie ſur le Boſphore de Thrace.* Abydos n'eſt aſſurément pas ſur le Boſphore de Thrace; mais ſur l'Helleſpont où Détroit de Gallipoli, à plus de 50 lieues du Boſphore de Thrace. Les Editeurs de Moreri ont copié la Martiniere ſans le citer; mais M. l'Abbé Bellanger dans ſes Eſſais de Critique ſur les Ecrits de M. Rollin & ſur le Dictionnaire de la Martiniere, à relevé cette bévue dès 1740. C'eſt ce que l'Editeur de 1759 a aparemment ignoré, car il a encore laiſſé au mot ANAGYRUS & ailleurs des fautes remarquées par M. Bellanger. Ce docte Critique en a remarqué pluſieurs dans les premiers volumes de l'Hiſtoire Ancienne de M. Rollin. Il en fait ainſi la récapitulation pag. 93 & 94 de ſes Eſſais de Critique » Des points de Chronologie qui s'entredétruiſent les » uns les autres; quelques faits » raportés un peu autrement qu'ils » ne ſont dans les Auteurs Grecs, » parce qu'on s'eſt fié à un Traducteur qui n'a pas toujours » entendu l'original; de deux » hommes n'en faire qu'un; d'une » femme en faire deux; *empaler* » au lieu de crucifier; faire repaſſer Darius par le *Boſphore* » *de Thrace*, au lieu de le faire » repaſſer par l'Helleſpont; *vuider* » *avec des ferremens un corps* qu'on » veut embaumer, au lieu de le » vuider en faiſant au côté une » ouverture avec une pierre d'Ethiopie; *comparer* une pyramide au lieu de la mépriſer en » comparaiſon d'une autre; mettre deux enfans dans *deux cabanes* ſéparées, au lieu de les » mettre dans une ſeule cabane » ſéparée du reſte du genre-humain; immoler en tout *trois* » *mille* victimes au lieu d'en immoler trois mille de chaque eſpece d'animaux qu'il étoit permis d'immoler aux Dieux; des » *ſacs* remplis d'or pour des coffres remplis de pierre avec » quelques couches de monnoie » d'or par deſſus; faire pleurer » la mort du Mage Smerdis *de la* » *plûpart des Perſes*, au lieu de » la faire pleurer de tous les Peuples d'Aſie, excepté les Perſes; » *embaumer* des corps pour les » mettre à l'air autour d'un tombeau, &c. « V. Eſſais de Critique, Amſterdam 1740, in-12, & Nouvelliſte du Parnaſſe, tome 2, page 346 & ſuivantes.

ABYDOS, *Ville d'Egypte... Cette Ville étoit ſituée au-deſſus de Dioſpolis & de Tentyris & au-deſſous de Ptolemaide.* C'eſt le contraire. Elle étoit ſituée au-deſſous de Dioſpolis & de Tentyris & au-deſſus de Ptolemaide. V. Pline, Strabon, Cellarius, Bayle, la Martiniere & les Cartes de l'ancienne Egypte. Moreri a donné trois Articles de cette Ville; le premier au mot ABILON: il dit que *l'Epine blanche y eſt toujours fleurie.* Le deuxieme au mot ABOUTIGE: il dit qu'*il y croît beaucoup de pavot noir*; & dans le troiſieme Article ABYDOS: *les buiſſons de ſon territoire portoient des fleurs en forme de couronne.*

ACABARON, *Ville de la haute Galilée, apellée autrefois Petra.* Le mot Acabaron eſt au génitif plurier dans Joſephe, cité par Moreri. Reland au mot Achabara ſoupçonne que les Achabares étoient des peuples qui habitoient Petra. V. Cellarius & la Martiniere au mot ACHABARES.

Acelle (*Auricella*) *Grotte fameuse du Comté de Bourgogne, où l'eau qui en découle fait voir diverses belles figures de colonnes, d'animaux, de tombeaux, &c. Davity tome* 5, lisez tome 2. Je n'ai pas dessein de relever toutes les fautes de cet Article. Je me contente de dire qu'il n'y a jamais eu de *Grotte d'Acelle*. Aucelle & non pas Acelle est le nom d'un Village voisin de la Grotte de Quingey, dont il paroît que Moreri veut parler. Voyez la Description de la France par M. Piganiol de la Force, & la Martiniere à l'Article Grotte de Quingey.

Achaie, *petite contrée de la Sarmatie Européenne*. Elle étoit certainement de la Sarmatie Asiatique. V. Strabon, Cellarius, la Martiniere & les Cartes de Messieurs Sanson & de Lisle.

Acila, *lieu de l'Isle de Sicile où Marcellus battit le Général Hippocrate*. Acila est une faute d'impression dont Moreri forme un Article. La Ville nommée Acrilla ou Acrillæ étoit à trente milles de Syracuse sur le chemin d'Acragas. Il faudra retirer l'Article *Acila* du Moreri comme beaucoup d'autres.

Acragas *ou Acrassus*, *Ville de Lydie dans l'Asie mineure qui avoit le titre d'Evêché sous l'Archevêché de Sardique*. Acrassus, car je ne sçais où Moreri a pris cet *Acragas*, étoit sous l'Archevêché de Sardes & non pas de Sardique, car Sardique étoit la Métropole de la Dace méditerranée en Europe, & il y avoit loin de là à Sardes en Asie.

Adramite, *Ville Maritime de la Mysie dans la Natolie auprès du lieu nommé Caicus*. C'est comme si on disoit que Paris est auprès du lieu nommé la Seine. Le Caique est une Riviere au bord de laquelle étoit Adramite. Voyez Etienne de Byzance & la Martiniere.

Adraon *ou Adraton*, *Ville d'Arabie*.

Adron, *Ville d'Arabie*.

C'est la même, dont le véritable nom étoit Adra ou Adraa. Adraon ou Adron est le génitif plurier.

Adraste, *fils de Percosius*. Moreri prend ici un nom de Ville pour un nom d'homme. Il a lu dans la traduction latine d'Homere : *Adrastus filius Meropis Percosii*, & il a traduit Adraste, fils de Percosius ; c'est comme si on traduisoit : *Alexander filius Philippi Macedonis*, par Alexandre fils de Macédon. Mérops, pere d'Adraste étoit de Percote, Ville de la Troade. V. Homere, Iliade liv. 2, v. 816.

Adrotte, *Ville Maritime de la Lybie*. C'étoit une Ville de la Lydie, ce qui est bien différent. Si on dit que c'est une faute d'impression, je demanderai pourquoi elle n'a pas été corrigée depuis 1716 que Bernard a écrit *Lybie* ?

Æga, *Isle de la Mer Egée vers les côtes d'Asie, entre Chio & Tenedos*.

Æx, *Isle environnée d'écueils dans la mer Egée, entre Tenedos & Chio*.

C'est assurément la même chose, mais ce n'est point une Isle, c'est un Rocher. Ce Rocher n'est point *entre Chio & Tenedos*, mais entre Chio & Tenos. Les Cartes de M. Sanson ne s'accordent point avec celles de M. de Lisle sur la position de ce Rocher.

Ægon, *Athlete de l'Isle de Zanthe... ayant pris par les pieds de derriere un taureau furieux, le traîna du haut d'une montagne dans la ville pour en faire présent à la Bergere Amaryllis*. La Géographie de Moreri est encore ici en défaut, car il prend la campagne pour la ville. Il ne fait pas attention que la ville n'est le séjour ni des bergeres ni des bergers, & qu'on n'y voit paître ni bœufs ni moutons. Egon porta le Taureau du haut de la montagne jusque dans le champ où Amaryllis gardoit son troupeau; mais ce Taureau n'étoit pas *furieux*, car c'auroit été un mauvais *present* à faire à la Bergere. Theocrite dit qu'Amaryllis, & ses compagnes reçurent Egon avec de grands apiaudissemens; il les eût fait fuir si son taureau eût été furieux. Moreri a donné deux Articles d'Ægon : il n'en devoit donner qu'un.

Ægypsus, *Ville des Getes, près du Danube, sur la croupe d'une montagne*. Cette Ville n'étoit point sur la croupe d'une Montagne, mais dans l'Isle que forment les deux bouches méridionales du Danube, vers l'endroit où est aujourd'hui Saczi. Un coup d'œil sur la Carte de M. de Lisle, intitulée *Orbis Romani divisio per Themata*, en fera beaucoup mieux connoître la position que ce que dit Moreri.

Afrique. Je n'entrerai pas ici dans la discussion de cet Article. Je revendiquerai seulement à la France *Arguin & Gorée*, que Moreri dit apartenir aux Hollandois. Il ôte aussi à d'autres nations ce qui leur apartient; & il dit vers la fin de l'Article que *les autres Chrétiens répandus dans le pays, sont schismatiques comme les Maronites*. Est-ce que les Maronites n'ont pas toujours été Catholiques Romains?

Agalla, *Ville de la Tribu de Ruben*. Agalla n'étoit point de la Tribu de Ruben. Elle apartenoit aux Moabites. Elle étoit à l'Orient de la Mer morte, au midi d'Aréopolis. Elle s'apelloit encore Ægalla, Ægallim, Agallim, Gallim. Voyez Bonfrerius, Reland, la Martiniere. On doit se précautionner à l'égard du Moreri sur les différens noms de lieux ou de personnes, car on est exposé à les voir reparoître avec une nouvelle signification & multiplication d'Articles.

Agia Parasceve, *Fauxbourg de Constantinople, dont il est séparé par un petit Golphe qui sert de Port à cette Ville*. L'Agia Parasceve n'étoit point un Fauxbourg de Constantinople, mais un quartier de la Ville très-fréquenté, situé auprès de la Porte Palatine vers le Palais des Blachernes. Il n'étoit pas séparé de la Ville par un petit Golphe, puisqu'au contraire ce petit Golphe est entre l'Agia Parasceve & le Fauxbourg de Galata. Voyez *Petr. Gyllius de Bosphoro Thracio*.

Agrosus. On ne sçait où Moreri ou plutôt Bernard a pris ce qu'il debite dans cet Article qui ne vaut rien du tout, à commencer par le mot *Agrosus* qu'il dit être le *nom de la Montagne où est maintenant Rome*.

Aguican, *l'une des Isles Marianes. Elle est située à une lieue de la Ville de Tinian*. Il falloit dire de l'Isle de Tinian, car il ne s'agit point là de Villes, mais d'Isles.

Ajas, *Ville de l'Arabie heureuse*. C'est une Ville imaginaire. Voyez la Martiniere au mot Ajas.

Aiguilles *ou Cap des Aiguilles, est un promontoire d'Afrique à la pointe la plus avancée du Cap de Bonne-Espérance*. Cela n'est ni clair ni exact. „ Afin qu'on ne „ s'y trompe pas, dit le P. Fournier dans son Hydrographie, „ il faut sçavoir que bien que „ toute cette grande pointe de „ terre en laquelle se termine „ l'Afrique vers le Sud se nomme „ Cap de Bonne-Espérance, elle „ se divise toutefois en trois têtes, desquelles la plus occidentale porte simplement le nom de

„ Cap de Bonne-Espérance ; la seconde s'apelle *Cabo falso* ou Cap „ fourchu ; la troisieme le Cap des „ Aiguilles qui est le plus oriental.

Albanie, *ancienne Province d'Asie sur la mer Caspienne, elle comprend aujourd'hui le Daghestan dans la Géorgie, &c.* L'ancienne Albanie est ce qu'on apelle aujourd'hui le Chirvan, le Dagestan n'en fait point partie. *On prétend*, disent les Encyclopédistes au mot Albanie, *que la Géorgie orientale ou le Gurgistan est l'ancienne Albanie Asiatique.* Ils se trompent. Les Géographes exacts ne prétendent point cela.

Albenga, *Ville & Port de mer de la République de Genes... Alexandre III y établit le siege d'un Evêché vers* 1179. Albenga étoit Evêché dès le quatrieme siecle sous la Métropole de Milan, mais Alexandre III le soumit en 1180 à la Métropole de Genes.

Alcantara, *Ville de Portugal dans l'Estremadure sur le Tage.* Alcantara est une ville d'Espagne dans l'Estremadure Espagnole.

Alcaraz, *Ville d'Espagne dans la nouvelle Castille.*

Alcoraz, *Ville d'Espagne dans la nouvelle Castille.*

C'est assurément la même qui s'apelle Alcaraz. On cite dans le premier Article *Rodrigo. Mendes Silva*, c'est-à-dire que d'un seul Auteur on en fait deux. C'est multiplier les Ecrivains comme les villes.

Alchazar, *petit Pays de la grande Arménie où l'Euphrate prend sa source.* On ne connoît point le pays d'Alchazar. L'Euphrate prend sa source au Mont Abos.

Alcobaça... *Il y a une célebre Abbaye de l'Ordre de saint Benoît.* Moreri se trompe. C'est une Abbaye de l'Ordre de saint Bernard.

Alcyone, *Ville de Thessalie sur les ruines de laquelle fut ensuite bâtie la Ville de Methon,* (Methone) *remarquable par le malheur de Philippe, Roi de Macédoine, qui y perdit un œil.* Il y avoit trois Methones, la premiere dans la Thrace, la deuxieme dans la Thessalie, la troisieme dans le Péloponese. Il est certain que c'est à Methone dans la Thrace que Philippe perdit un œil, & non pas à Methone dans la Thessalie. Moreri s'est trompé. Voyez Remarques de M. de Tourreil sur la premiere Philippique de Démosthene & la Vie de Philippe par M. Olivier.

Alençon, *Ville de Normandie.. située entre la Forêt d'Ecouis & celle de Perseigne.* Il falloit dire entre la Forêt d'Ecouves, &c.

Alep, *Ville de Syrie... Elle est bâtie sur quatre collines... Elle a environ deux lieues de circuit.* Les Voyageurs les plus exacts, comme le Bruyn, n'ont vu à Alep que trois collines & ils ne lui donnent que trois quarts de lieue de circuit.

Alexandrie..... *Ville située en Egypte..... Cléopatre, Reine d'Egypte, dressa une autre Bibliotheque dans le Sérapéon.... Elle dura jusqu'au tems des Chrétiens, qui du regne de l'Empereur Théodose ruinerent le Temple de Serapis & brûlerent la Bibliotheque.* Il est vrai que les Chrétiens sous Théodose, détruisirent le Temple de Sérapis, il est faux qu'ils aient brûlé la Bibliotheque du Sérapéon. Le Temple fut détruit en 390, & la Bibliotheque a subsisté jusqu'en 640 qu'Amrou Général d'Omar, Calife des Sarasins, prit Alexandrie & brûla les Livres par ordre d'Omar. V. les Mém. de l'Acad. des Inscript. La Vie de Mahomet par Boullainvilliers, l'Histoire des Sarasins par M. Ocklei, &c. Moreri dit qu'*il y a au milieu de la Ville une Chapelle Mahométane que les Turcs apellent Skenderia.* C'est la Ville même que les Turcs apellent Skenderia ou Scanderia : c'est le même nom qu'Alexandrie.

ALFELD, *petite Ville de la basse Saxe, qui apartenoit autrefois aux Evêques d'Hildesheim, mais elle est possédée presentement par les Ducs de Brunswick.* Il falloit justement dire le contraire. Cette Ville apartenoit autrefois aux Ducs de Brunswick, elle apartient aujourd'hui à l'Evêque d'Hildesheim auquel elle a été cédée par le Traité de Goslar.

ALGARVE, *Province de Portugal avec Titre de Royaume; ses Villes sont: Faro, Sylves Evêché.* Il y a 170 ans que Sylves n'est plus Evêché. *Alfonse II est le premier qui ait pris le Titre de Roi d'Algarve après son mariage avec Beatrix de Castille..* C'est Alphonse III & non pas Alphonse II, qui épousa Beatrix de Castille.

ALMISSA, *Ville de Dalmatie, qui apartient au Turc.* C'est une erreur. Cette Ville apartient aux Venitiens.

AM, *Ville célebre d'Arménie où l'on comptoit cent mille maisons & jusqu'à mille Eglises, qui fut prise par les Tartares l'an 1219 après un siege de douze jours. Vincent L. 3 ch. 95.* Tous nos Dictionnaires Géographiques sans en excepter ceux de Corneille & de la Martiniere, nous donnent une *célebre* Ville d'Am qui n'a jamais existé. Ils ne savent pas même quel est ce *Vincent* qu'ils citent. Corneille cite *Vincent le Blanc*, mais, dit la Martiniere, il n'a pas divisé son Ouvrage par Livres. Cela est vrai. C'est Vincent de Beauvais dont il s'agit ici, & la prétendue Ville d'Am n'est autre que la Ville d'Amide ou Amed nommée par les Turcs Caramit. Vincent de Bauvais & saint Antonin, placent la Ville d'Am auprès du Mont Ararath ce qui convient à Amide qui est auprès du mont Gordien. *Mons Gordi Amidæ imminens.* Géogr. Nub. Amide est en Mésopotamie, mais sur les confins de l'Arménie & Procope dans le premier Liv. de son Hist. ch. 17, dit: *Quidam tractum illum qui usque Amidam pertinet, Armeniam apellant.* Il faut retrancher l'Article AM de tous nos Dictionnaires.

AMANTHEA, *Ville de Calabre avec Evêché suffragant de Reggio.* Il y a plus de 700 ans qu'Amanthea n'est plus Evêché & que son siége a été transféré à Tropea. M. de la Martiniere est étonné de ne point trouver dans les Notices Episcopales d'Evêché à Amanthea. La chose est aisée à comprendre: Ces Notices ne mettent point d'Evêché à Amanthea, parce qu'il n'y en a point. On a pris dans le Moreri au mot ATTERBURY (*François*) un Docteur pour une Ville Episcopale. On y parle de *l'Evêque de Smalridge*; mais le Docteur Smalridge étoit Evêque de Bristol.

AMDAN, *Château & Maison Royale des Rois de l'Yemen, ou Arabie heureuse dans la Ville de Sanaa qui en est la Capitale.* Il y a plus de 400 ans que Sanaa n'est plus la Capitale de l'Arabie heureuse. Abulfeda mort en 1332, dit que Sanaa étoit autrefois la Capitale des Rois d'Yemen, & qu'il y a dans son enceinte un lieu fort élevé où l'on voit les restes de leur palais nommé Gamdam. C'est le prétendu Château d'*Amdan* de Moreri.

AMIDA ou *Ammée, selon Ptolomée, ancienne Ville de Mésopotamie nommée par les Turcs Caramit...... Elle est fort éloignée de Caraencit* (on a voulu dire Caramit) *avec laquelle plusieurs la confondent.* Quel galimathias! 1°. Cellarius & M. de Tillemont distinguent Amide d'Ammée. Amide est sur le Tigre & Ammée dans la plaine. Les Encyclopédistes confondent aussi Amide avec Ammée qu'ils apellent mal *Amnée.* 2°. Amide est véritablement Caramit ou Amide la noire. Voyez ci-dessus Am.

Ammonites, *Peuples descendus d'Ammon. Ils habitoient avec les Moabites une partie de la Syrie, qu'on apelloit creuse ou Cœlosyrie selon Josephe.* Il est vrai que Josephe a dit cela, mais comme le remarque M. Reland, il prend la Célésyrie dans un sens très-étendu, & Josephe, selon M. l'Abbé de Longuerue, ne savoit rien en Géographie. La demeure des Ammonites & des Moabites étoit à l'Orient du Jourdain & de la Mer morte. Les Cartes de Messieurs Sanson, Reland, Ligfoot, &c. donneront la position de ces peuples beaucoup mieux que le Moreri.

Ancenis, *sur la Loire, Capitale des Amnites, Peuples d'autour de l'embouchure de la Loire.* 1°. Il falloit dire des Namnites ou Nannetes; les habitans de Nantes & des environs. Moreri défigure tous les noms. 2°. Ancenis n'a jamais été la Capitale des Nannetes, c'étoit *Condivicnum* aujourd'hui Nantes, &c. V. *Notitia Galliarum* de Valois, & *Parallela* de Briet.

Anchiale, *Ville de Cilicie, fut bâtie par Sardanapale; les Auteurs mêmes qui n'en conviennent pas disent qu'elle fut le tombeau de ce Prince efféminé, & qu'on y voyoit sa Statue.* » Une prétendue Epi-
» taphe, dit M. de la Martiniere,
» a jetté Thomas Corneille dans
» une plaisante erreur, pour
» avoir cru Davity qui a dit
» qu'Anchiale a servi de Sépul-
» ture à Sardanapale. Ce Prince
» se brûla dans son Palais avec
» toutes ses richesses. On sçait
» d'ailleurs qu'il régnoit à Ninive
» & qu'il ne peut s'être brûlé
» dans son Palais en Assyrie &
» avoir été enséveli à Anchiale
» dans la Cilicie.

Ancuah, *Ville de la Province d'Alovahat, qui est au-dessus de l'Egypte & de la Thébaïde selon Edrissi.* Le Géographe de Nubie ou Edrissi ne place point Alvahat; (c'est ainsi qu'il faut écrire) au-dessus de l'Egypte, mais dans la haute Egypte. Les Encyclopédistes ont copié les fautes du Moreri.

Andro, *Isle de la mer Egée avec une Ville qui est le Siége d'un Evêque Suffragant de celui d'Athenes.* On a voulu dire Suffragant de l'Archevêque d'Athenes, mais il y a deux Evêques à Andros, l'un Grec & l'autre Latin; c'est de l'Evêque Grec dont le Moreri veut parler; le Pere le Quien dit qu'il est Suffragant de l'Archevêque de Rhodes. L'Evêque Latin est Suffragant de l'Archevêque de Naxie. On trouve la même omission dans le Moreri sur les autres Villes de la domination Turque où il y a double Evêché. M. l'Abbé d'Expilli a marqué ces doubles Evêchés dans sa Polychrographie.

Anna, *Ville de l'Arabie deserte sur l'Euphrate.... Elle a été autrefois Episcopale.* Elle ne l'a jamais été.

Antros, *petite Isle de France dans la Guyenne, à l'embouchure de la Garonne. C'est là qu'est bâtie la Tour de Cordouan. Pomp. Mela.* Il n'y a jamais eu d'Isle d'Antros à l'embouchure de la Garonne. Pomponius Mela s'est trompé, il a pris l'Isle d'Aindre, *Antrum* dans la Loire, pour une Isle de la Garonne. *Mirum non est insulam istam in Garumnâ nunc nusquam apparere cum ibi nunquam extiterit, sed in Ligeri, &c.* Valois *Notitia Galliarum* au mot *Antrum.*

Anzar, *Ville du Turquestan.... Tamerlan y mourut.* On ne trouve point Anzar dans les bons

Dictionnaires ; mais on y trouve Otrar, où les Historiens les plus exacts disent, que Tamerlan mourut.

APHACE, *lieu dans la Palestine où étoit un Temple de Venus.*

APHEC. *Il y avoit en Judée trois principaux lieux de ce nom... Le premier est une Ville de la Tribu d'Aser... Le troisieme est une autre Ville dans la Tribu d'Aser.*

Bonfrerius, Reland & Calmet réduisent ces quatre Villes à deux. Les deux de la Tribu d'Aser & Aphace, où étoit le Temple de Vénus, sont la même. Les Encyclopédistes ont copié Moreri, & ont fait, comme lui, des multiplications inutiles & embarrassantes. Ils l'ont encore copié mal-à-propos sur APHÆREMA, qu'il a doublé suivant sa coutume, en donnant un autre Article D'EPHRAIM, *ou Ephrem, Ville de la Tribu d'Ephraim.*

ARA, *ou* HARA, *Ville d'Assyrie.*

ARAN, *Ville de Syrie.*

HARAN, *Ville de Mésopotamie.*

C'est la même qui s'apelle encore Charan, Charres, &c. Les Encyclopédistes n'ont pas manqué de copier Moreri & de multiplier cette Ville. Ils ont donné ARA, ARAM, CHARAN, & ils donneront aparemment *Haran* quand ils en seront là.

ARCADIE, *Province du Péloponese.... Aristote au Liv. 4 de ses Météores, dit que le vin d'Arcadie, mis dans des peaux de Bouc, près du feu, se calcine & se réduit en sel.* Aristote n'a jamais dit une si grande absurdité ; il dit, suivant la traduction latine, *Vinum in Arcadiâ sic exsiccatur à fumo in utribus ut derasum bibatur* ; ce qui signifie que le vin d'Arcadie mis dans des outres, se clarifie. On fait dire dans le Moreri toutes sortes d'impertinences aux plus célebres Ecrivains. On lit au mot AMATA : *Amata ou Aimée fut la premiere fille consacrée à la Déesse Vesta. Ce fut en son honneur qu'on donna depuis le nom d'Amata à la Supérieure des Vestales, comme Aulugelle l'a remarqué au Liv. 1. chap. 12.* Aulugelle n'a jamais fait une remarque si fausse. Il donne la formule dont usoit le Grand-Prêtre à la réception de chaque Vestale ; les derniers mots de cette formule étoient : *Itâ te, Amata, capio* ; ainsi cette *Amata* qui recevoit & perdoit ce nom au même moment, bien loin d'être la Supérieure des Vestales, étoit la derniere de toutes. La Supérieure ou grande Vestale toujours la plus ancienne se nommoit *Virgo Vestalis Maxima*. V. Mém. de l'Académie des Inscr. Juste Lipse, &c.

ARGIAN *ou Arregian, Ville du Chusistan.*

ARRAGIAN, *Ville de la Province de Khusistan.*

C'est la même. „ Arragian, Ar-„ regian, Argian ne signifient, „ dit M. de la Martiniere, que „ la même Ville.

ARHUSEN, *Ville de Danemarck avec Evêché suffragant de Lunden.* Il y a cent ans qu'Arhusen est suffragant de Copenhague. Il y a plus de deux cens ans que Lunden n'est plus Archevêché, & il y a cent ans que cette Ville n'apartient plus au Danemarck ; mais à la Suede ou elle dépend d'Upsal. Ces changemens sont assez anciens pour avoir pu parvenir à la connoissance des Editeurs du Moreri : Pourquoi nous donnent-ils aujourd'hui des Notices qui n'étoient bonnes que pour nos trisaïeuls ? M. Vosgien, dans son Dictionnaire dit aussi qu'*Arhus* ou *Arhusen* est un *Evêché dépendant de Lunden* ; & au mot *Lunden* il dit, que c'est un *Archevêché Luthérien.*

ARIMAN,

ARIMAN, *Ville de Galaad, dans la Tribu de Manassé de-là le Jourdain.*
RAMOTH, *une des Villes de refuge.*

C'est la même, nommée Ramoth Galaad qui n'étoit pas dans la Tribu de Manassé, mais dans la Tribu de Gad. Cellarius a prouvé que les endroits de Josephe où cette Ville est apellée Ariman ou Aramatha sont corrompus.

ARMENIE.... *Les Villes de Curdistan ou Turcomanie sont.... Teflis.... Derbent.* Moreri confond mal-à-propos le Curdistan avec la Turcomanie. Il met mal Teflis dans le Curdistan. C'est la Capitale de la Georgie Persane. Derbent n'est ni dans le Curdistan ni dans la Turcomanie, mais dans le Schirvan.

ARRACAN (*le Royaume d'*) *Il avoit autrefois son Roi propre..... presentement il est au Roi d'Ava.* Point du tout. Le Royaume d'Arracan a presentement *son Roi propre*, & n'apartient point au Roi d'Ava.

ARRAN, *Isle.... en Irlande.*
ARRAN, *Isle d'Ecosse.*
ARREN, *Isle d'Ecosse.*

C'est la même qui est de l'Ecosse & non de l'Irlande.

ASARAMEL, *lieu dans la Palestine, où se tint la grande Assemblée des Prêtres.* I *Macch.* 14, 27.
JERUSALEM, *Ville, &c.*

C'est le même lieu, selon de très-sçavans Interprétes, qui prétendent qu'il faut lire Jerusalem au lieu d'Asaramel. V. Vatable, Sanctius, Menochius, &c. Les Encyclopédistes ont copié Moreri sur Asaramel.

ASCOLI, *sur le Tronto.* Moreri cite les *Liv.* 71 *&* 72 *de Tite-Live*, qui sont perdus, & il cite sur ASCOLI *di Satriano*, *le treizieme Livre de Tite-Live* encore perdu. Il ne faudra pas s'étonner si ces Articles sont mauvais.

ASEM, *Ville frontiere de la Tribu de Juda.*
ASEMONA *ou Hassemon, Ville sur les confins de la Tribu de Juda.*

C'est la même. V. Lubin, Calmet, &c.

ASIBE, *Ville de Mésopotamie.*
NISIBE, *Ville de Mésopotamie.*

C'est la même. Etienne le Géographe dit que quelques-uns ont écrit *Nasibis* au lieu de *Nisibis*. Moreri fait encore plus, il retranche la premiere lettre; il nous donne un Ville d'Asibe, & les Encyclopedistes le suivent.

ASOPH, *Ville de la petite Tartarie. Les Moscovites l'ont possédée jusqu'en* 1711 *que le Czar Pierre l'a abandonnée aux Turcs.* C'est aujourd'hui le contraire. Les Turcs l'ont abandonnée aux Moscovites par le Traité de Belgrade en 1739.

ASOR, *Ville très-forte, Capitale du Royaume de Jabin.*
ASOR, *Pays étendu dans l'Arabie deserte près des Cédareniens, dont la ruine est prédite. Jeremie* 49, 28.

C'est la même chose. C'est la Ville d'Asor dans la Tribu de Nephtali. Voyez ce que j'ai dit sur l'Asor des Encyclopédistes; page 86.

ASPENDUS *ou Aspendum, Ville ruinée.*

Moreri devoit écrire Aspende comme Messieurs Tillemont, Corneille, &c. *H. Etienne dit que cette Ville fut bâtie par un nommé Aspendus.* Henri Etienne en sçavoit-il quelque chose? C'est encore une bévue tirée fidelement du Suplément de Bernard, qui a cité *H. Etienne*, au lieu de citer Etienne de Byzance.

ASPHALTIDE, *Lac dans la Judée.*
ASPHAR, *petit Lac de la Tribu de Juda.*

C'est le même ; c'est le Lac Asphaltide nommé aussi Asphar par plusieurs Géographes. V. Calmet, la Martiniere, &c.

* ASAN & ASENA; ASSERA & ASSORUS ; ASSO & ASSOTO ; ASSON & ASSOS ; ATAROTH & ATAROTH ADDAR ; ATHA & ATHAR ; AVOTJAIR & HAVOTHJAIR , & quantité d'autres que je pourrois nommer, sont encore des Articles doubles d'une même Ville ; & comme on ne dit pas la même chose dans les deux Articles, puisqu'on n'en reconnoît pas l'identité, on peut juger qu'outre la multiplication, il y a souvent encore contradiction, &c.

AVENTIN.... *C'est une des sept Collines de Rome. Elle est aujourd'hui dans l'enceinte des murailles.* Cet *aujourd'hui* est singulier ; car si on date d'Ancus Marcius qui enferma, dit Denis d'Halicarnasse, le Mont-Aventin dans l'enceinte de Rome, il y a 2400 ans qu'il y est.

AUGE *ou le Pays d'Ouche, comme disent les Normands.* Les Normands connoissent mieux leur Pays ; ils ne confondent point le Pays d'Auge avec le Pays d'Ouche, comme Moreri. On peut juger de la bonté de son Article ; il ne vaut pas mieux que l'Article AVRANCHIN.

AULOT, *Bourg d'Espagne en Catalogne, a eu autrefois un Evêché.* C'est ce que Moreri ne prouvera point.

AURIC, *Ville de la Westphalie, à l'occident de la Principauté d'Oostfrise, dont elle est la Capitale.* Une Ville à l'occident d'une Principauté dont elle est la Capitale est quelque chose de singulier, mais c'est en effet Embden qui est la Capitale. *Auric a un beau Château où le Prince d'Oostfrise fait sa résidence.* Comment les Editeurs du Moreri de 1759, peuvent-ils ignorer que l'Oostfrise & Auric sont au Roi de Prusse depuis 1744 ? Ils ont bien ignoré qu'Athenes apartient aux Turcs, car ils font entendre dans le long Article de cette Ville, qu'elle apartient toujours aux Vénitiens, & cela ne peut pas être autrement suivant les Ecrivains qu'ils citent, qui étoient tous morts avant que les Vénitiens perdissent en 1715, leurs conquêtes de 1687. Peut-on beaucoup compter sur ce que Messieurs les Editeurs du Moreri disent s'être passé à Athenes il y a trois mille ans, puisqu'ils ne sçavent point ce qui s'y est passé de leur tems ?

M. de la Martiniere dans la Préface de son Dictionnaire dit „ qu'il „ vaudroit mieux qu'il n'y eut „ point du tout de Géographie „ dans le Moreri. Je suis très-persuadé qu'il a raison, & j'ajoute qu'il vaudroit mieux aussi qu'il n'y en eut point du tout dans l'Encyclopédie.

MYTHOLOGIE DE L'ENCYCLOPÉDIE.

La partie Mythologique de l'Encyclopédie n'eſt pas plus exacte que la partie Géographique. C'eſt toujours la même méthode, de copier ſans examen, de copier juſqu'aux fautes d'impreſſion, de copier des Dictionnaires, guides plus propres à égarer qu'à éclairer. Meſſieurs les Encyclopédiſtes auroient mieux fait de ſuivre l'Abbé Banier ou Gyraldi, mais les Articles n'y ſont pas tout dreſſés comme dans les Dictionnaires. Cela eût coûté plus de tems & de ſoins.

Articles multipliés mal-à-propos.

ADAD *ou Adod, Divinité des Aſſiriens.*
ADOD, *nom que les Phéniciens donnoient au Maître des Dieux.*

C'eſt le même, c'eſt le Soleil, comme Bochart l'a prouvé dans ſon Chanaan Liv. 2. ch. 8. Si les Encyclopédiſtes entendent ici par le Maître des Dieux, un autre Dieu que le Soleil, ils ſe trompent.

ADARGATIS, *Adergatis ou Atergatis : on la prend pour la Derceto des Babyloniens.*
ATERGATIS, *Déeſſe des Syriens.*

C'eſt la même. *Adargatis, Adergatis, Atergatis, Adirdaga, Argatis, Athara, &c. ſunt ab Europæis depravata Dagonis nomina; Dagon in Deam demigravit.* V. Selden *de Diis Syris, Syntag.* 2°. Les Encyclopédiſtes ont trouvé les deux Articles dans le Dictionnaire de M. l'Abbé de Clauſtre, & ils les ont pris tous deux. Eſt-il poſſible, dira-t-on, qu'ils ne ſe ſoient pas apperçus de l'identité des noms dans cet Article & dans le précédent ? très-poſſible & très-ordinaire, parce que les Auteurs de Dictionnaires n'ont point de mémoire. Ils ont oublié totalement le premier Article quand ils ſont au ſecond. On dit encore dans l'Encyclopédie au mot DERCETO, que *les uns la confondent avec Dagon, & les autres avec Atergatis.* C'eſt toujours la même choſe. Il y a auſſi trois Articles pour cette Déeſſe dans le Moreri de 1759. Le premier au mot ADARGATIS, le deuxieme au mot ATHARE, le troiſieme au mot DERCETO.

AGERONIA *ou Angeronia, Déeſſe du ſilence. Elle préſidoit aux conſeils. On avoit placé ſa Statue dans le Temple de la Volupté.*
ANGERONE, *Divinité que les Romains invoquoient dans la peine. Ils l'avoient placée ſur l'Autel de la Déeſſe du plaiſir.*

C'eſt la même. Voyez la Mythologie de M. l'Abbé Banier. Les Encyclopédiſtes en auroient peut-être reconnu l'identité ſi ces deux Articles n'euſſent pas été plus éloignés l'un de l'autre dans l'Encyclopédie qu'ils le ſont ici, ou s'ils euſſent fait attention à ce qu'ils ont écrit au mot ANGERONALES, qui étoient, diſent-ils, *des Fêtes inſtituées en l'honneur d'Angerone la Déeſſe de la peine & du ſilence.*

AGONIOS, *nom donné à Mercure, parce qu'il préſidoit aux jeux Agonaux dont on lui attribuoit l'invention.*
AGONIUS, *ſurnom donné à Janus dans les Fêtes Agonales qu'on célébroit en ſon honneur.*

Agonios & Agonius sont deux mots, l'un Grec & l'autre Latin, qui signifient la même chose. Les Encyclopédistes copient le Dictionnaire de M. de Claustre; ils auroient mieux fait de copier la Mythologie de M. Banier. Il n'est pas difficile de deviner pourquoi ils ont préféré le pemier au second. Ce qu'il y a de vrai, c'est que le nom d'Agonios ou Agonius a été donné à Mercure, à Janus & à d'autres Dieux nommés Agoniens. Comme on avoit déjà donné dans l'Encyclopédie l'Article *Agoniens*, les Articles *Agonios* & *Agonius* deviennent totalement inutiles & embarrassans pour le Lecteur auquel on les présente comme différens.

AGOREUS, *surnom donné à Mercure d'une Statue qu'il avoit sur le Marché de Lacédémone. Mercure Agoreus est Synonyme à Mercure du marché.*

ARGOREUS, *ou Dieu du Marché, surnom de Mercure, sous lequel il avoit une Statue à Pharés en Achaie. Cette Statue, dit Pausanias, rendoit des Oracles.*

Il est très-constant que c'est le même, & qu'*Argoreus* est un nom estropié qu'on ne trouve point dans Pausanias. Les Encyclopédistes ont copié, suivant leur coutume, le Dictionnaire de M. de Claustre, & l'Article *Argoreus* prouve avec quelle exactitude ils copient. M. de Claustre, trompé apparemment par quelque faute d'impression, a donné l'Article d'*Argoreus* après avoir donné celui d'*Agoreus*. Le Savant M. Gibert reprit cette bévue dans ses Remarques insérées dans le *Contrôleur du Parnasse*, & voici ce que M. de Claustre répondit : » Je » conviens de bonne foi que » l'Article Argoreus, surnom de » Mercure, doit être entiérement » effacé comme fautif. Il est inutile » de raporter ici ce qui m'a jetté dans l'erreur ; ce n'étoit » qu'une répétition de l'Article » Agoreus qui est en son rang. Voyez Jugemens sur quelques Ouvrages nouveaux par M. l'Abbé des Fontaines Tome X. pag. 217. Messieurs les Encyclopédistes effaceront donc, comme M. de Claustre, leur Article *Argoreus*, & aussi tous ceux qu'ils ont doublés. Ils assurent que Pausanias dit que la Statue de Mercure à Pharés rendoit des Oracles. Il est certain au contraire par Pausanias, que les Oracles de Mercure à Pharés ne se rendoient point par sa Statue. V. Pausanias dans son Voyage de l'Achaie ch. 22. Vandale a mieux entendu Pausanias que les Encyclopédistes.

AGRAULIES, *ou Aglauries, Fêtes ainsi nommées, parce qu'elles devoient leur institution aux Agraules, Peuples de l'Attique de la Tribu Evertheide, qui avoient pris leur nom d'Agraule ou Aglaure, fille du Roi Cecrops. On en ignore les cérémonies. On sçait seulement qu'elles se faisoient en l'honneur de Minerve.*

AGRAULIES, *Fêtes qu'on célébroit en l'honneur de Minerve. Elles étoient ainsi nommées des Agraules, Peuples de l'Attique, de la Tribu Erectheide qui les avoient instituées.*

C'est certainement la même chose & cependant les deux Articles se suivent. On ne comprend pas aisément d'où provient cette répétition, mais on ne comprend pas mieux pourquoi les Encyclopédistes disent dans le premier Article que les Aglaures étoient *de la Tribu Evertheide*, mot forgé au lieu d'Erecteide. Ils disent encore qu'on ignore les Cérémonies des Agraulies. M. l'Abbé Banier en a pourtant décrit le Sacrifice.

AMYCLÉEN, *surnom d'Apollon.*
AMYCLEUS *étoit un Dieu particulier de la Grece. Il y avoit un Temple & des Autels. Pausanias qui en a fait mention, ne nous aprend rien de plus, ce sont quelques extravagances de moins sur le compte du Genre-humain.*

C'est le même; & il n'y a aucune distinction à faire entre *Amycléen* & *Amycleus.* L'un & l'autre de ces noms adjectifs est le surnom d'Apollon. Cela est incontestable par Thucydide, Polybe, Strabon & Athenée. Les Encyclopédistes ont copié sur *Amycleus*, le Dictionnaire de M. de Claustre qui après avoir donné un Article d'AMYCLEUS *nom d'Apollon, pris de la Ville d'Amyclée*, en donne un autre ou il dit: AMYCLEUS *étoit aussi un Dieu particulier dans la Grece, qui avoit un Temple & des Autels; mais Pausanias qui en fait mention, ne nous aprend point qu'elle est cette Divinité.* Le texte de Pausanias tel que nous l'avons aujourd'hui porte à la vérité, Liv 3. ch. 19, que " les habitans d'Amycles ho-„ norent particuliérement Amy-„ cleus " sans rien dire de plus; mais d'habiles Critiques se prétendent bien fondés à joindre ici le nom d'Apollon à l'adjectif Amycleus, & ils ne doutent pas que le vrai Texte de Pausanias ne fut conforme à cette leçon. Un Copiste distrait à oublié le nom d'Apollon, & les Imprimeurs ont suivi cette mauvaise copie. M. l'Abbé Gedoyn a donc eu raison de restituer le nom d'Apollon dans le Texte de Pausanias, & de traduire: " Les habitans d'A-„ mycles honorent particuliere-„ ment Apollon surnommé Amy-„ cleus. En effet la Ville d'Amycles étoit spécialement consacrée à Apollon qui y avoit un Temple, le plus beau de toute la Laconie, selon Polybe. Si la Ville avoit donné à Apollon le surnom d'Amycléen, la Ville aussi se faisoit gloire de porter le nom d'Apollon, comme le prouve ce vers de Stace

Hujus Apollineæ currum comitantur Amyclæ.

Les deux Articles de l'Encyclopédie ne nous aprennent rien, & j'avoue que je n'entends pas la derniere phrase du second.

ANÆTIS, ANETIS, ANAITIS, *Déesse adorée jadis par les Lydiens, les Arméniens & les Perses.*
ANITIS, *nom sous lequel Plutarque nous apprend que Diane fut honorée à Ecbatane.*

C'est la même, c'est Diane. Il n'y a pas de doute. Elle s'apelloit encore Anais, & les Auteurs des Livres des Machabées la nomment Nanée. C'est le Temple de cette Déesse qu'Antiochus voulut piller. Marc-Antoine exécuta long-tems après ce qu'Antiochus n'avoit pu faire; il pilla le Temple de Nanée ou de Diane d'Elymais. Hyde dans son Livre *de Religione Veterum Persarum* a parlé savamment de cette Déesse.

APHEA, *Divinité adorée par les Crétois & les Eginetes.*
DIANE. *On l'adore sous une infinité de noms.*

C'est la même. J'en parlerai ci-dessous au mot *Aphea.*

AUTOMATIA, *Déesse du hasard.*
FORTUNE (*la*) *Fille de Jupiter.*

C'est la même. J'en parlerai au mot *Automatia.*

Autres Articles Mythologiques défectueux.

ACHERUSE (*Geogr. Hist. anc. & Myth.*) *Lac d'Egypte... Il y avoit dans la même contrée un Temple consacré à Hecate la ténébreuse & deux Marais apellés le Cocyte & le Cirsé.* On ne sçait ce que signifie *le Cirsé.* C'est une faute, on a voulu dire le Lethé; mais le Cocyte & le Lethé n'étoient pas deux Marais, c'étoient deux Fleuves des Enfers; & Diodore de Sicile, dont on a emprunté cette Mythologie, dit que le Temple d'Hécate la ténébreuse étoit placé à l'entrée de l'Enfer, aux portes du Cocyte & du Lethé.

ADJAXTIES, *Fêtes qu'on célébroit à Salamine en l'honneur d'Ajax, fils de Telamon.*

Cet Article est mal placé; car ces Fêtes ne s'apelloient point *Adjaxties*, mais Ajaxties, puisqu'Ajax ne s'apelloit point *Adjax*. Voyez la Mythologie de Banier.

ADRAMUS, *Dieu particulier à la Sicile & à la Ville d'Adram qui portoit son nom. On l'adoroit dans toute l'Isle; mais particuliérement à Adrame.*

Il n'y a jamais eu de Dieu du nom d'*Adramus*, ni de Ville du nom d'*Adram* ou *Adrame*. Ces noms ne se trouvent ni dans aucun Mythologue, ni dans aucun Géographe; mais ils se trouvent par la négligence de l'Imprimeur, dans le Dictionnaire Mythologique de M. de Claustre, que les Encyclopédistes ont copié. S'ils veulent prendre la peine de lire Plutarque dans la vie de Timoleon, ou seulement l'Article ADRANO dans Moreri, ou celui d'ADERNO dans la Martiniere, ils verront qu'ils se sont trompés, & qu'ils devoient écrire Adranus & Adran. Bochart dans son Chanaan, Liv. 1. ch. 28. a parlé de ce Dieu Adranus, pere des Dieux Palices.

AIRÈS, *Fêtes qu'on célébroit à Athenes, en l'honneur de Cérés & de Bacchus, en leur offrant les prémices de la récolte du bled & du vin.* Les Encyclopédistes copient encore le Dictionnaire de M. de Claustre, sans oublier l'accent sur la lettre *è* que l'Imprimeur y a mis mal-à-propos; car il faut écrire la Fête des Aires, *Festum Arearum*, & non pas des *Airès*. Cette Fête s'apelloit encore *Aloa* du mot Grec, qui signifie une Grange.

ALITEUS, *Surnom donné à Jupiter, parce que dans un tems de famine il prit un soin particulier des Meûniers, afin que la farine ne leur fut pas enlevée.*

Les Encyclopédistes ont encore copié dans le Dictionnaire de M. de Claustre, le nom estropié d'*Aliteus* qui s'y trouve par la faute de l'Imprimeur, au lieu d'Aliterius. *Jupiter vocatus fuit Aliterius & Ceres Aliteria*, dit Giraldi dans son Traité des Dieux. M. Chompré dans son Dictionnaire de la Fable, a été plus exact. Voici son Article *Aliterius* ,, Jupiter ,, fut ainsi surnommé, & Cerès ,, *Aliteria*; parce que dans un ,, tems de famine ils avoient em- ,, pêché les Meûniers de voler la ,, farine. C'est le contraire de ce que dit l'Encyclopédie, que Jupiter *prit un soin particulier que la farine ne fut pas enlevée aux Meûniers.* Le Public sera de l'avis de M. Chompré, car il est persuadé que les Meûniers volent plutôt qu'ils ne sont volés. Plutarque, au Traité de la Curiosité, donne une autre étymologie du mot *Aliterius.*

AMBULTI, *terme qui désigne prolongation, & dont on a fait le surnom d'Ambulti qu'on donnoit à Jupiter, à Minerve aux Tyndarides, d'après l'opinion où l'on étoit que les Dieux prolongeoient leur vie à discrétion.*

L'Imprimeur du Dictionnaire de M. Claustre, a mis par mégarde un *t* pour un *i*, ce qui fait qu'on lit *Ambulti* au lieu d'*Ambulii*; & voilà Messieurs les Encyclopédistes qui nous donnent un Article d'AMBULTI. On ne les accusera certainement pas de manquer de foi à l'égard des Auteurs qu'ils copient, car ils ne suspectent rien, ils ne doutent de rien. Je ne les crois pas Philosophes Cartésiens, car ils ne font aucun usage du doute méthodique de M. Descartes. C'est apparemment par inadvertance qu'ils disent que *les Dieux prolongeoient leur vie à discrétion*, au lieu de dire qu'ils prolongeoient la vie des hommes. M. Chompré leur est entiérement oposé dans son Article AMBULIUS. ,, Jupiter, dit-il, étoit ,, ainsi surnommé, Minerve *Ambulia*, & Castor & Pollux *Ambulii*, parce que ces Divinités ,, avoient des Autels auprès d'un ,, vaste Portique où les Lacédé- ,, moniens alloient se promener. Cet Article vaut mieux que celui de l'Encyclopédie.

ANTEROSTA & POSTROSTA, *Déesses invoquées par les Romains.* C'est encore dans quelque Edition fautive que les Encyclopédistes ont pris ces deux mots, que je n'ai pu trouver nulle part. Chacune de ces Déesses avoit plusieurs noms, & les Encyclopédistes pouvoient choisir; pourquoi nous donnent-ils deux noms estropiés? La premiere s'apelloit Anteverta, Antevorta, Porrima, Prosa, Prorsa; elle sçavoit le passé sur lequel elle avoit du pouvoir. Les Romains l'invoquoient pour réparer les maux qu'ils avoient déjà ressentis. La seconde s'apelloit Postverta ou Postvorta; elle prédisoit l'avenir. Les Romains l'invoquoient pour prévenir les maux qui pouvoient leur arriver; on l'invoquoit aussi pour les accouchemens.

APHEA, *Divinité adorée par les Crétois & par les Eginetes: elle avoit un Temple en Crete.*

Aphea étoit un simple surnom de Diane qui avoit au moins cent cinquante surnoms pareils qu'on trouvera dans le Traité des Dieux de Giraldi. Aphea n'étoit certainement point une Divinité particuliere adorée par les Crétois, qui peut-être n'en sçavoient pas le nom. Les Mythologues disent que Diane étoit adorée par les Eginétes, sous le nom d'Aphea comme elle l'étoit chez les Habitans de l'Elide sous le nom d'Alphea, & chez les Crétois sous le nom de Britomartis. Les Encyclopédistes ont mal entendu les Mythologues.

ASTERION, *Fleuve du Pays d'Argos, fut pere de deux filles nommées Eubora Porcymnæ & Acrona qui furent, dit-on, les nourrices de Junon.* Cet Article est pris mot à mot du Dictionnaire de M. de Claustre qui s'est trompé. Il dit qu'Asterion ne fut pere que de deux filles, & il en nomme trois; *Eubora*, *Porcymna* & *Acrona*. Les Encyclopédistes ont élégamment changé Porcymna en Porcymnæ, pour être moins en état de reconnoître ici trois filles au lieu de deux, & ils ont estropié les noms. ,, Les ,, gens du Pays, dit Pausanias, ,, assurent que le Fleuve Asterion eut trois filles, Eubée, ,, Prosymne & Acrée, & que ,, toutes les trois furent nourrices de Junon.

AUTOMATIA, *Déesse du Hazard. Timoleon lui consacra des Autels après ses victoires. On ne nous dit point qu'il ait eu des imitateurs, ni qu'aucun des autres Généraux de la Gréce aient jamais ordonné des Sacrifices dans le Temple, que la modestie & la sincerité de Timoleon avoient élevé à la Déesse du Hazard.*

Il est certain que le mot *Automatia* employé par Plutarque & par Cornelius-Nepos dans la vie de Timoleon, ne signifie aucune autre Divinité que la Fortune. Giraldi qui entendoit parfaitement ces deux Auteurs dit : „ *Timoleon Fortunæ, quam Automatiam vocant, Templum erexit.* „ *Auctores Plutarchus & Æmilius Probus.* Nos Traducteurs François de Plutarque & de Cornelius-Nepos ont rendu de même le mot *Automatia* par celui de Fortune. „ Timoleon ayant fait „ bâtir dedans sa maison un „ Temple, il le dédia à la For„ tune. Amyot dans sa Traduc„ tion de Plutarque. Timoleon „ avoit dans sa maison une petite „ Chapelle dédiée à la Fortune, „ qu'il honoroit religieusement. Le P. le Gras de l'Oratoire dans sa Traduction de Cornelius - Nepos. La réflexion des Encyclopédistes est donc mal fondée, elle ne se trouve point dans le Dictionnaire de M. de Claustre où ils ont pris le reste. Le sçavant Boecler sur Cornelius-Nepos, dit justement le contraire de ce qu'ils ont dit ; il fait remarquer qu'*Automatia* est cette puissante Déesse Fortune à laquelle les Grecs & les Romains ont élevé tant de monumens, à laquelle tant de Généraux avant & après Timoleon ont offert des Sacrifices. Timoleon a donc eu des imitateurs, ou plutôt il n'étoit qu'imitateur lui-même. *Automatia Fortuna* est la même chose que *Spontanea Fortuna*, suivant plusieurs Critiques, ou *Fortis Fortuna*, suivant Xilander dans ses notes sur Plutarque. Quel attrait pour les Divinités peut avoir engagé Messieurs les Encyclopédistes à les multiplier ainsi sans nécessité ?

AUXESIE, *Déesse adorée par les Habitans d'Egine. Herodote & Pausanias qui en font mention, ne nous en aprennent rien de plus.* Messieurs les Enclopédistes se sont servis plus d'une fois de cette formule : *Herodote & Pausanias ne nous en aprennent rien de plus.* Leurs Lecteurs eussent trouvé pour le moins aussi bon qu'ils eussent employé celle-ci : *Nous ne sçavons ce qu'Herodote & Pausanias en ont dit, car nous ne les avons point lus.* On lit en effet dans Pausanias, Liv. 2. que „ les Eginetes & les „ Epidauriens rendent un culte „ particulier à Auxesie & à Da„ mie. C'étoient, selon eux, deux „ jeunes filles qui vinrent de Cre„ te à Trezene dans le tems „ que cette Ville étoit divisée par „ des partis contraires. Elles fu„ rent les victimes de la sédition, „ & le Peuple qui ne respectoit „ rien, les assomma à coups de „ pierres ; c'est pourquoi ils célé„ brent tous les ans en leur hon„ neur un jour de fête, qu'ils „ apellent la Lapidation. Herodote, Liv. 5 raconte l'Histoire des Statues d'Auxesie & de Damie faites de bois d'olivier, & des cérémonies observées dans les Sacrifices qu'on faisoit à ces Déesses. Voyez aussi Giraldi dans son Histoire des Dieux.

Il ne faut pas s'imaginer que quantité d'Articles sur lesquels je n'ai rien dit, soient exacts. Il y a des fautes dans ACIDALE, ACIDALIE, ALPHIASSA, AMARANTHEA, ASPHALION, ASTYRENA, &c.

Je pourrois donner ici beaucoup d'Articles Mythologiques du premier volume de Moreri, qui sont très-défectueux ; mais je me borne à un fort petit nombre, parce que je commence à m'apercevoir

cevoir que je composerois un gros volume, ce que je n'ai pas envie de faire.

Acanthe, *Jeune Prince métamorphosé en une plante de ce nom.* Moreri cite Vitruve. J'ouvre le Dictionnaire de la Fable, par M. Chompré, & j'y lis : *Acanthe jeune Nymphe, qui, pour avoir reçu favorablement Apollon, fut changée par ce Dieu en une plante qui porte le nom d'Acanthe*; & il cite aussi Vitruve. Ce qu'il y a de vrai, c'est que l'Acanthe de Vitruve n'est ni garçon ni fille, ni *Prince*, ni *Nymphe*, c'est une Plante.

Acetes, *fils du Soleil & de Perseis, reçut Phryxus, fils d'Atamante*, lisez d'Athamas.

Æeta, *Eetes Roi de Colchos, fils du Soleil & de Persée*, lisez de Perseis.

C'est le même. Il n'y a jamais eu d'Acetes fils du Soleil. Bernard, Auteur de l'Article *Acetes*, a pris un *e* pour un *c*, Aetes pour Acetes, & il en a formé un fils du Soleil, inconnu à tous les Mythologues.

Ægobole, *Bacchus étoit honoré sous ce nom dans la Ville de Potnie. Voici l'origine de ce surnom : S'étant pris de vin & ayant entierement perdu la raison, il commit plusieurs cruautés, & les Habitans du lieu célébrant un jour la fête de Bacchus, tuérent le Sacrificateur de ce faux Dieu.* Moreri cite Giraldi qu'il a très-mal traduit, car ce ne fut pas Bacchus qui *se prit de vin, perdit la raison & commit plusieurs cruautés*; ce furent les Potniens qui firent ce que Moreri attribue à Bacchus.

Aganippe, *Fontaine du Mont-Helicon.... Pausanias dit qu'Aganippe étoit fille du Fleuve Termessus qui coule autour de l'Helicon.* Le texte de Pausanias est corrompu, il faut lire Permesse & non pas *Termessus*; car ce Fleuve Termessus est un Fleuve imaginaire. V. Gedoyn sur Pausanias. M. Chompré à copié Moreri. Il dit aussi dans son Dictionnaire de la Fable, qu'Aganippe étoit *fille du Fleuve Termessus qui coule autour du Mont-Helicon.* Il mettra Permesse dans une autre edition.

Agdeste ou *Agdiste*, *Montagne de Phrygie. Hezichius nous aprend que Cybele, mere des Dieux fut aussi nommée Agdeste. Il est parlé dans Arnobe de la fureur d'Agdeste.* Le Lecteur ne manquera pas de s'imaginer que c'est de la fureur de Cybele nommée Agdeste dont Arnobe a parlé. Il n'en est pourtant rien. Moreri confond ici Cybele avec Agdeste, fils de Jupiter, monstre infame qui avoit les deux sexes. C'est des fureurs de cet Agdeste dont Arnobe a parlé après Pausanias. Moreri a doublé mal-à-propos son Article *Agdeste* par celui d'Agdus qui est la même chose.

Agelaste, *nom d'une pierre..... Selon d'autres c'est un rocher dans l'Attique proche le puits de Gallichorus.* Les Editeurs de Moreri prennent ici *Gallichorus* pour un nom d'homme, & ils disent le *Puits de Gallichorus*, comme le Puits de Jacob. Ils devoient dire proche le Puits nommé Callichore ; il ne faut pas être grand grec pour entendre ce mot. » On voit » chez les Eleusiniens un Puits » qu'ils nomment le Callichore, » autour duquel les Femmes d'E- » leusis ont institué des danses » & des chœurs de musique en » l'honneur de Céres. « Pausanias liv. premier. On disoit simplement le Callichore, en suprimant le mot puits, comme on disoit le Pirée en suprimant le mot port.

Agetes, *fils d'Apollon & de Cyrene... Il étoit frere d'Aristie*, lisez Aristée. Agetes est un nom forgé qui ne se trouve que dans Moreri qui cite Justin où on lit Argeus par la faute des Copistes, au lieu d'Agreus. C'étoit un des noms d'Aristée. » Les Nymphes, dit » Diodore de Sicile liv. 4, don- » nérent à Aristée trois noms, » savoir, Nomius, Aristée & » Agrée; ainsi le prétendu Agetes de Moreri n'etoit pas *frere d'Aristée*, c'étoit Aristée lui-même; il faudra supprimer ce mauvais Article d'*Agetes*.

Agnita ou *Agnitas*, *surnom que les Lacédémoniens donnoient à Esculape, parce qu'ils le representoient sous la figure d'une plante apellée Agneau. Cæl. Rhodig.* Bernard, Auteur de cet Article n'a pas entendu Rhodigin qui dit : *Simulacrum Æsculapii ex Agno quæ planta est excisum conformatumque.* Prendre droit là-dessus pour assurer que les Lacédémoniens representoient Esculape sous la figure d'une plante, c'est se tromper lourdement; ils le representoient sous la figure d'un homme, mais sa Statue étoit faite du bois de l'Arbre nommé Agneau; c'est une espece d'osier. V. Pausanias, Dioscoride, &c. On doit écrire Hagnitas & non pas *Agnita* ou *Agnitas. Mirum est*, dit Giraldi, *quosdam sine afflatu hoc nomen scribere.*

Alcestes, *Fille de Pélias.... Ovide donne à Alceste le surnom de Pagasée, comme étant de Pagasis, Ville de Thessalie.* Elle étoit pourtant d'Iolcos. On peut voir dans les Commentateurs pourquoi Ovide donne à Alceste le nom de Pagasée. Moreri cite deux vers Elegiaques d'Ovide, comme tirés du liv. 3 des Métamorphoses, où il n'y en eût jamais de cette espece. Ils sont du troisieme Livre *de Arte Amandi.*

Alcippe, *fille du Géant Alcyon.* Lisez Alcyonée.

Alcippe, *qui enfanta un eléphant.* C'est la même. Il n'y a que la fille d'un Géant qui puisse enfanter un éléphant.

Alcyone, *une des Pleiades..... Pausanias dit que Jupiter l'enleva & que sa sœur Taygete fut enlevée par Neptune.* Pausanias dit le contraire. Il dit que Jupiter enleva Taygete & Neptune Alcyone. *Neptuno Alcyonen.. Taygetamque Jovi.* Ovid. liv. 4 des Fastes.

Alcyonée, *Géant... Hercule le tua.... Sept jeunes filles qui l'aimoient en furent si touchées que de désespoir elles se jettérent dans la mer où elles furent changées en Alcyons.* Ces sept jeunes filles étoient les propres filles d'Alcyonée, ce que Moreri auroit dû dire. Il a dit à l'Article Alcyone, *femme de Ceix*, que ce fut cette Alcyone & son mari qui furent *métamorphosées en Alcyons.* On trouve les mêmes fautes & plusieurs autres à l'Article Aute, *fille du Géant Alcyon* (Alcyonée) à commencer par le nom d'*Aute* qui est un nom estropié au lieu d'Anthe. Moreri y cite *Parrhasius in Claudian*, & *Hegesandro.* Que signifie *Hegesandro*?

Almops, *fils de Neptune & d'Athamantis.* C'est une bévue. Le Continuateur de Moreri a lu dans le Dictionnaire d'Etienne qu'il copie toujours : *Almops Neptuni & Athamantidos Helles filius*; ce qui signifie Almops, fils de Neptune & d'Helle, fille d'Athamas; il s'est arrêté au mot *Athamantidos*, sans faire attention que c'est l'Epithete du mot *Helles* qui suit.

Autolycus, *fils de Mercure, selon les Poëtes, étoit un fameux voleur qui se retiroit vers le Mont Parnasse.* On ne prend dans les Dictionnaires que de fausses notions. Ne s'imagineroit-on pas qu'Autolycus étoit un brigand qui n'avoit ni feu ni lieu & qui se retiroit la nuit dans quelque caverne du Mont Parnasse? Il régnoit pourtant sur le Parnasse & aux environs. „ C'étoit, dit Homere, „ l'ayeul maternel d'Ulysse, pere „ d'Anticlée sa mere, Prince qui „ surpassoit tous ceux de son „ tems en prudence & en adresse „ pour cacher ses desseins & surprendre ses ennemis, & en „ bonne foi pour garder religieu„ sement sa parole. Il reçut son petit-fils Ulysse avec une magnificence Royale & le combla de presens lorsqu'il partit pour Ithaque. V. Odyssée liv. 19.

BIBLIOGRAPHIE DE L'ENCYCLOPÉDIE.

Messieurs les Encyclopédistes ont des connoissances infiniment supérieures à la Bibliographie, & je crois qu'ils ne regardent pas comme un grand mérite d'exceller dans cette partie ; aussi n'y excellent-ils pas. Qu'on prenne bien ma pensée. J'explique ici ce que j'aurois peut-être dû expliquer plutôt. Il se peut trouver dans le nombre de ceux qui ont fourni des Articles à l'Encyclopédie un très-habile Géographe, un profond Mythologue, un éminent Bibliographe. Il seroit aussi surprenant que cela ne fut pas qu'il est surprenant que les plus consommés en chaque science n'en aient pas dressé les Articles. Si on me répond que cela s'est pourtant fait ainsi, j'en serai étonné quant aux Sciences traitées dans l'Encyclopédie où je comprends quelque chose, car j'avoue, & cet aveu ne me coute gueres, qu'il y en a beaucoup où je n'entends rien du tout. C'est mon malheur, car justement celles-là y sont peut-être dans le plus grand degré de perfection.

Je n'ai fait aucun usage des lettres de l'Alphabet placées à la fin de chaque Article, qui, raprochées de la table générale des Auteurs mise à la tête du premier volume, donne le nom de celui qu'on veut connoître. C'est un travail dont je me suis débarrassé, ne voulant nommer personne en particulier. Je me suis contenté de citer en général Messieurs les Encyclopédistes, ou simplement les Encyclopédistes, pour abreger & sans vouloir par-là manquer aux égards qui leur sont dûs.

ADOPTIF (*Jurisprud.*) *est la personne adoptée par un autre... L'Empereur Adrien préféroit les enfans adoptifs aux enfans ordinaires... M. Ménage a publié un Livre d'éloges ou de vers adressés à cet Empereur, intitulé Liber Adoptivus.*

Quoi, M. Ménage a publié un Livre d'éloges ou de vers adressés à l'Empereur Adrien ! Qui a jamais entendu dire pareille absurdité ? il est clair que les Encyclopédistes n'ont pas vu le *Liber Adoptivus* de Ménage. Il y est aussi peu parlé de l'Empereur Adrien que du Grand Turc. » J'ajoutai „ à mes Poésies, dit M. Ménage „ lui-même, plusieurs vers en l'u„ ne & l'autre langue, qui m'a„ voient été adressés par différen„ tes personnes, & j'intitulai ces „ vers : *Ægidii Menagii Liber* „ *Adoptivus.* Ce n'est donc pas à l'Empereur Adrien que ces *vers ou éloges sont adressés*, mais à Ménage. *Heinsius*, continuent les Encyclopédistes, & *Furstemberg de Munster, ont aussi publié des Livres adoptifs.* S'ils avoient connu ce *Furstemberg de Munster*, ils en auroient parlé autrement. Je suis fâché qu'ils n'aient pas lu le 81e. Chapitre de l'Anti-Baillet, ils y auroient trouvé que ce Furstemberg est l'illustre Furstemberg,

„ Evêque de Munster & de Paderborn, homme d'une grande „ vertu & d'une grande piété, „ Poëte célébre & le Mécenas de „ de notre siecle. Les Ménages, les Santeuils, les Rapins, les les Commires, les Larues, les Frizons; en un mot, tous les Poëtes contemporains de M. de Furstemberg l'ont comblé d'éloges, & ce sont ces éloges qui forment le *Liber Adoptivus.* Messieurs les Encyclopédistes auroient encore trouvé dans l'endroit cité de l'Anti-Baillet, que Daniel Heinsius & Nicolas son fils, tous deux excellens Poëtes latins ont fait imprimer parmi leurs Poésies des Livres Adoptifs. Il ne suffisoit donc pas de citer Heinsius; il falloit citer le pere & le fils, & ne pas oublier M. de Balzac, car il y a aussi un *Liber Adoptivus* dans ses Oeuvres poétiques latines, qui sont rares. Quand on sçait ce que c'est qu'un Livre adoptif, on ne dit point que celui de Ménage est adressé à l'Empereur Adrien.

AIGLE.... *Il est bon de remarquer que les Aigles Romaines n'étoient point des Aigles peintes..... Voyez l'Histoire de Dion, Liv. XI.* Par malheur les trente-quatre premiers Livres de Dion & le commencement du trente-cinquiéme sont perdus, où trouvera-t-on le *Livre XI*? On cite rarement dans l'Encyclopédie, il y a par conséquent peu d'erreurs dans les citations. Il y a aussi très-peu de dates chronologiques, tant mieux encore; car on dit à l'Article ASIATIQUES, que *Cambise fit une irruption dans l'Egypte* 536 *ans avant Jesus-Christ.* Il falloit dire 526, &c.

ALMANACH..... *L'Almanach le plus ancien & le plus utile est l'Almanach Royal, volume in-8°.* Un habile Bibliographe ne néglige point les éditions des Almanachs. Le sçavant Maittaire ne les a pas oubliées dans ses Annales Typographiques, où il fait remarquer qu'on imprimoit à Venise des Almanachs perpétuels dès 1498. Il y a eu certainement d'autres Almanachs imprimés avant cette date. L'Almanach Royal n'a commencé qu'en 1679, comment Messieurs les Encyclopédistes peuvent-ils avancer qu'il est *le plus ancien*? Seroit-ce parce qu'il ne porte point au Frontispice le titre d'Almanach nouveau? Il y a eu certainement des Almanachs imprimés plus de 200 ans avant l'Almanach Royal. Je crois qu'il ne s'agit dans l'Encyclopédie que des imprimés; ce seroit bien autre chose si on y comprenoit les manuscrits.

ANGE... Messieurs les Encyclopédistes citent ici un Auteur auquel ils donnent le nom de *Buzard.* Il s'apelloit Abusaid, & il est assez connu des Sçavans. Au mot ABRACADABRA on lit *Simonius* au lieu de Samonicus; *Delris* au lieu de Delrio. Au mot ACANTHE *en Architecture* Villapaude, au mot ARCHITECTURE *Vilapendre*; & dans les corrections, à la tête du second volume *Villapende*, de sorte que ces Messieurs n'ont pu réussir à écrire correctement le nom de Villalpand, si célébre par ses dimensions du Temple de Jérusalem dans son Commentaire sur Ezéchiel; au mot AGNUS SCYTHICUS, *Eusebe de Nuremberg* au lieu de Nieremberg, & plusieurs autres noms estropiés; au mot ANTHOLOGE, *Antoine Arcadius* au lieu de Pierre Arcudius, & *M. Simon Supplément aux cérémonies des Grecs*, au lieu de Supplément aux cérémonies des Juifs. Ces deux mêmes fautes se trouvent dans le Moreri de 1759, aussi au mot *Anthologe.* Cela n'est pas surprenant: les Encyclopédistes

& les Editeurs du Moreri ont copié le même Livre. Au mot ARISTOTELISME, *Folet* au lieu de Tolet; *Alcala de Naris* au lieu d'Alcala de Henares, Université fameuse, que Simler dans son Abregé de la Bibliothéque de Gesner, a ridiculement métamorphosée en un Ecrivain auquel il attribue *Ordines Regales Castilienses*. Cet Ouvrage a été imprimé dans la Ville d'Alcala de Henares, & Simler a pris le lieu de l'impression pour le nom de l'Auteur. Les Articles ALECTRYOMANTIE, ANABAPTISTES, APOCALYPSE, APOSTOLIQUES, &c. sont encore parsemés de noms défigurés. Les Encyclopédistes ont écrit une infinité de noms propres comme j'aurois écrit des noms Arabes ou Persans, dont je n'aurois jamais entendu parler. Cela ne donne pas une sublime idée de leurs connoissances Bibliographiques. Je veux croire que plusieurs de ces fautes viennent de l'Imprimeur, mais il y en a qui ont une autre origine.

APPARAT... *L'Apparat sacré de Possevin est un recueil de toutes sortes d'Auteurs Ecclésiastiques.* Cette définition, quoique tirée du Dictionnaire de Trevoux, n'est pas exacte; car elle convient beaucoup mieux à un recueil d'Ouvrages Ecclésiastiques, tel que la Bibliothéque des Peres, qu'à l'Apparat de Possevin, qui n'est qu'une Table Alphabétique des noms des Ecrivains Ecclésiastiques, avec les titres de leurs Ouvrages. *L'Apparat du P. Vaniere est un recueil des plus beaux morceaux des Poëtes Latins, sur toutes sortes de sujets.* Ce n'est point encore là l'idée qu'on doit avoir de l'Apparat Poétique du P. Vaniere, qui n'est qu'un recueil de mots avec la quantité, à l'usage de ceux qui commencent à faire des vers Latins. Les vers cités par le P. Vaniere, sans suite & sans liaison, ne sont point les plus beaux morceaux des Poëtes Latins.

ARCHE DE NOÉ.. *Berose assure que Noé ne commença à bâtir l'Arche que dix-huit ans avant le Déluge.* Quelle autorité! les Encyclopédistes ignorent-ils que ce que nous avons aujourd'hui sous le nom de Berose est l'ouvrage d'un imposteur? „ Il y a long-tems, „ dit M. Lenglet, qu'on a re„ connu la fausseté des Fables „ du faux Berose ou plutôt de „ l'imposteur Anne de Viterbe, Il étoit Domicain. *Tanchuma ne compte que 52 ans, & les Mahométans, &c.* Qui est ce Tanchuma, & que peut-on conclure de ce que les Mahométans ont dit sur l'Arche de Noé? *Junius Tremellius & Buxtorf prétendent que c'étoit une espece de Cedre.* De deux Auteurs on n'en fait qu'un; de François Junius & d'Emmanuel Tremellius on compose un Junius Tremellius. On a fait une autre faute à l'Article ANABAPTISTES où l'on donne *Rodenstein* & *Carlostad*, pour deux hommes differens. Bodenstein & non pas *Rodenstein* fut surnommé Carlostad, parce qu'il étoit de cette Ville. A l'Article ANONYMES, d'un seul Ecrivain qui s'apelle Burchardus Gottelfius Struvius, on en a fait trois, *Bure*, *Gotth*, *Struvius*. On a relevé quelques-unes de ces fautes dans le Journal de Trévoux. Je souhaiterois pour l'utilité publique qu'on les eût relevées toutes. Je suis persuadé que Messieurs les Encyclopédistes aiment trop les sciences pour exiger qu'on éternise leurs erreurs par un silence qui y seroit préjudiciable. J'ai prouvé page 32 que l'Article ARCHE *d'Alliance* dans l'Encyclopédie est très-défectueux.

ARISTOTELISME, page 670. *Mélancton cet homme célébre nâquit à Schuarzerd d'une famille honnête.* Mélancthon nâquit à Bretten au

Palatinat du Rhin, & son nom de Famille étoit Schuarzerd. Voyez Bayle, Article MELANCTHON. Dans le même Article page 672. *Corneille Martini nâquit à Anvers.. le Duc de Brunswick jetta les yeux sur lui pour l'envoyer au Colloque de Ratisbone. Gretzer qui étoit aussi député à ce Colloque, pour le parti des Protestans, trouva mauvais qu'on lui associât un Professeur en Philosophie.*

Quoi, Gretzer étoit député au Colloque de Ratisbone pour le parti des Protestans ! mais Gretzer étoit Jésuite » très-sçavant » homme, dit M. Bayle dans l'Ar- » ticle qu'il en a donné, sa vie » fut un train de guerre continuel » contre les Auteurs Protestans... » Le nombre des Livres qu'il a » composés ou traduits est prodi- » gieux... Le Cardinal du Perron » disoit de lui : Gretzer est gran- » dement louable, il a bien de » l'esprit pour un Allemand. »

Gretzer assista véritablement au Colloque de Ratisbone, non pas en qualité de Député des Protestans, comme le disent les Encyclopédistes ; mais en qualité de Député des Catholiques. Il faudra qu'ils corrigent cet endroit, & qu'ils suppriment l'Historiette dont ils ont embelli cet Article. *Gretzer*, disent-ils, *trouva mauvais qu'on lui associât un Professeur de Philosophie dans une dispute où on ne devoit agiter que des Questions de Théologie, c'est ce qui lui fit dire lorsqu'il vit Martini dans l'assemblée :* Quid Saul inter Prophetas quærit ? *à quoi Martini répondit*, Asinam patris sui. *Dans la suite Martini fit bien connoître que Gretzer avoit eu tort de se plaindre d'un tel second.* On voit bien que c'est-là un conte qui n'a nulle vraisemblance, puisque Martini Protestant n'étoit pas le second de Gretzer, & Gretzer qui avoit tant d'esprit, suivant le Cardinal du Perron, en avoit sans doute assez pour prévoir la réponse qu'on feroit à sa question, *Quid Saul, &c*; tout autre que Gretzer l'auroit prévue. Si les Encyclopédistes ont métamorphosé ici un Jésuite en un Protestant, il n'y a rien de perdu ; ils ont métamorphosé à l'Article ASSIDÉENS un Protestant en un Jésuite. *Serrarius*, disent-ils, *& Drusus Jésuites, ont écrit l'un contre l'autre touchant les Assidéens.* Les Encyclopédistes, au lieu de *Drusus*, ont voulu dire Drusius ; mais Drusius n'étoit pas Jésuite, il s'en falloit beaucoup. » C'étoit, dit » M. l'Abbé Ladvocat, l'un des » plus sçavans Théologiens Pro- » testans de son siecle.

ASTRONOMIE, pag. 787. *Terentius Varron cet homme universel fut aussi Astronôme. Il y en eut même qui firent leur unique occupation de cette science. Tel fut P. Rigodius qui donna dans l'Astrologie judiciaire, & qui, à ce qu'on prétend, prédit l'Empire à Auguste le jour même de sa naissance.* Jamais un Romain & sur-tout un Sénateur tel qu'étoit celui qui prédit l'Empire à Auguste, ne s'est apellé *P. Rigodius.* Le Sénateur qui fit cette prédiction s'apelloit Nigidius Figulus. Voyez Dion au commencement du Liv. 45. Suetone *in Augusto c.* 94. & Bayle au mot NIGIDIUS, où il montre l'impossibilité de cette prétendue prédiction. Il est donc certain que les Encyclopédistes ayant trouvé P. Nigidius, c'est-à-dire, Publius Nigidius, ils l'ont travesti en *P. Rigodius* comme ils ont encore travesti *Petrus Aponensis* en *Pretus*, &c. *M. Cassini*, disent-ils, *a composé un Traité de l'Origine de l'Astronomie qu'il a fait imprimer à la tête du Recueil des Voyages de l'Académie.* Ils ont sans doute voulu dire des Ouvrages de l'Académie. Ce qu'il y a de plus curieux dans cet Article, c'est un discours pathétique tendant à prouver qu'il faut être fort réservé à accuser quelqu'un d'Athéisme & sur-tout *Nicolas Taureil.* C'est ainsi que les Encyclopédistes nomment ici deux fois cet Auteur assez peu connu & moins d'eux-mêmes qu'ils ne pensent. Voici le morceau qui regarde ce Taureil. *Un esprit aussi hardi que le sien ne pouvoit manquer de laisser échaper quelques Paradoxes. Ses Adversaires s'en sont servis pour prouver qu'il étoit Athée, mais en vérité le respect qu'il témoigne par-tout à la Religion & qui certainement n'étoit point simulé, doit le mettre à l'abri d'une pareille accusation. Il ne prévoyoit pas qu'on pût tirer de pareilles conséquences des principes qu'il avançoit, car je suis persuadé qu'il les auroit rétractées, ou les auroit expliquées de façon à satisfaire tout le monde. Je crois qu'on doit être fort réservé sur l'accusation d'Athéisme, & on ne doit jamais conclure sur quelques propositions hazardées qu'un homme est Athée. Il faut consulter tous ses Ouvrages & l'on peut assurer que s'il l'est réellement, son impiété se fera sentir par-tout.* S'imagineroit-on après une pareille Apologie que Messieurs les Encyclopédistes mettront eux-mêmes dans un autre Article, Taureil au nombre des Athées? Auroit-on lieu d'attendre qu'ils profiteront si peu de leur Sermon contre l'accusation d'Athéisme qu'ils en accuseront bientôt le célébre Cardinal Bembe? C'est pourtant ce qu'ils ne manquent point de faire à l'Article ATHÉES

Il y a, disent-ils, *des Athées de spéculation.. Ces sortes d'Athées s'apellent Athées Théoriques : on compte parmi les Modernes, Politien, Pierre Bembus, Cardan, Taurellus, Cremonin, Berigord* (lisez Berigard) *Viviani, le Marquis de Boulainvilliers.* Voilà Taurellus qui n'est autre que *Nicolas Taureil* tout de son long au rang des Athées de spéculation, malgré tout le bien qu'on en a dit au mot *Aristotelisme.* D'où vient cette contradiction ? C'est qu'on n'a pas reconnu Nicolas Taureil dans Taurellus qui est incontestablement le même. Voyez Bayle, Article TAURELLUS. Ce qu'il y a de consolant pour Taurellus, c'est qu'il est placé avec des gens qui valent mieux que lui, & qui sont beaucoup plus connus dans la République des Lettres. On défendroit mal l'Encyclopédie, en disant que les contradictions qui s'y trouvent, viennent de ce que différens Articles sont de différentes mains; les Auteurs devoient s'entendre, & un Réviseur devoit mettre l'accord & l'harmonie convenables entre toutes les parties. L'Encyclopédie ne détruira donc pas l'opinion où l'on est, qu'un Ouvrage de plusieurs mains ne peut jamais être bon. » L'on n'a guére » vu jusqu'à present, dit la Bruyere, un chef-d'œuvre d'esprit » qui soit l'ouvrage de plusieurs: » Homere a fait l'Iliade, Virgile » l'Enéide, Tite Live les Decades, & l'Orateur Romain ses » Oraisons. M. Bayle a dit qu'on trouvera plutôt un Phénix qu'un gros Dictionnaire sans défaut. C'est bien pis quand plusieurs Auteurs ont mis la main à ce gros Dictionnaire. Ce ne doit être qu'un ouvrage de pieces de raport.

Je pourrois, Monsieur, vous envoyer encore quelques Remarques sur des Articles qui ne concernent point les sujets que j'ai traités jusqu'à present. Contentez-vous d'un seul exemple.

ARPAGE. *S. M. ou plutôt Harpage, comme on le trouve écrit dans les anciennes Inscriptions, signifie un enfant qui meurt au berceau.... On le trouve rarement dans les Auteurs latins. Gruter l'emploie dans* l'Epitaphe de *Marc-Aurele qui mourut à l'âge de neuf ans deux mois & treize jours; mais cette Inscription fut trouvée dans les Gaules, où l'on parloit un Grec corrompu.* Il y a là quantité de fautes, car 1°. Arpage n'est pas un substantif masculin, comme le disent les Encyclopédistes, mais un adjectif; masculin, s'il s'agit d'un garçon; & féminin, s'il s'agit d'une fille. 2°. Ce terme ne signifie pas un enfant qui meurt au berceau, car on n'est plus au berceau *à neuf ans deux mois treize jours*; mais il se donnoit à quiconque étoit enlevé par une mort prématurée. 3°. Comme ce mot est purement Grec on le trouve aussi rarement dans les Auteurs Latins, qu'on trouve un mot Latin dans les Auteurs Grecs. Il n'y a rien en cela qui doive surprendre Messieurs les Encyclopédistes. 4°. Ce n'étoit point *parce qu'on parloit un Grec corrompu dans les Gaules*, qu'on y a trouvé cette Inscription. Elle a été trouvée à Lyon » & on sçait, dit » le P. Colonia dans l'Histoire » Littéraire de cette Ville, qu'el- » le étoit remplie de Négocians » Grecs, dont on rencontre en- » core par-tout les Epitaphes. » Si vous prenez la peine d'examiner les Articles ADVOATEUR, ADVOUATEUR, ALICAIRES, ALOGIENS, AMAZONES, ARETOPOTES, ATOMISME, ATTIA, AUSEN, &c. Vous les trouverez peu exacts.

J'en ai assez dit pour vous faire comprendre que les plus grands Panégyristes de l'Encyclopédie, sont ceux qui vraisemblablement sont moins en état d'en remarquer les fautes. Ils ont loué sans avoir lu ou entendu; mais » mille éloges » vagues & généraux ne contre- » pesent pas une censure bien dé- » taillée; les uns ne sont qu'un » hommage rendu sans examen à » la réputation établie; l'autre est » un fruit de la réflexion, où l'on » expose les raisons du jugement » qu'on porte & auxquelles il » faut se rendre dès qu'on ne les » détruit pas par de plus fortes. M. de la Motte dans ses Réflexions sur la Critique.

Il y a tant de fautes Bibliographiques dans le Moreri, qu'un volume in-folio ne suffiroit pas pour les détailler. J'ai déjà averti qu'un homme de Lettres doit donner un Anti-Moreri. Il fera aparemment connoître les erreurs du grand Dictionnaire en tout genre, & la Bibliographie lui fournira une abondante matiere. Combien trouvera-t-il d'Articles semblables à celui d'ACHRIDENUS *de Bâle* dont j'ai parlé page 39? Combien d'Ecrivains doublés & triplés? Combien dont on assigne mal le siecle, le Pays, les Parens, la Profession, les Qualités, les Ouvrages, les Editions? Combien de fausses Citations? J'ai indiqué quelques Articles défectueux sur la Géographie & sur la Mythologie; j'en indiquerai aussi quelques-uns sur la Bibliographie, en suivant mon plan & sans passer les bornes que je me suis prescrites.

AGATHEMERUS ORTHON, *a écrit une hypothipose de Géographie mise au jour par les soins d'Isaac Vossius.* Agathemere fils d'Orthon, a fait une description Géographique qui n'a jamais été mise au jour par Isaac Vossius, mais par Tennulius, Gronovius & Hudson. Voy. Fabricius Bibl. Grecq. L. 4. ch. 12.

AGRICOLA (*Chrétien*) *a donné la défense de l'Antipistorius.* Ce Chrétien Agricola de Moreri est un Auteur imaginaire. C'est un masque sous lequel s'est caché David Schram. Voy. Jugem. des Sav. de Baillet, tom. 7. in-4°. pag. 106. On a donné dans le Moreri vingt-deux Articles d'Agricola, qu'il faudroit réduire à neuf ou dix.

ALAYMUS (*Marc-Antoine*) *de Sicile a écrit un Traité de Medicamentis.*

ALCAIME (*Marc-Antoine*) *Médecin natif de Sicile.*

C'est le même qui s'apelloit Alcaime. De deux mauvais Articles il en faudra faire un bon.

ALBERIC *ou Albrice*, *Anglois*, *natif de Londres*, *florissoit vers l'an 1217.*

ALBRICIUS, *Anglois*, *né à Londres*, *vivoit dans le onzieme siecle.*

C'est le même qui vivoit dans le treizieme, & non pas dans l'onzieme siecle.

Le second Article a été ajouté dans le Moreri de 1759, qui cite mal à propos les *Mémoires Manuscrits de M. l'Abbé Goujet*, puisque ce n'est qu'un extrait du Dictionnaire de M. Chauffepié. L'Editeur de 1759, auroit dû traiter un peu moins mal ceux qui doublent les Articles; il dit au mot ALBATECNIUS que cet Arabe avoit demeuré à *Aracta*; *delà vient*, ajoute-t-il, *que quelques-uns l'ont nommé Mahometes Aractensis*, *dont des ignorans n'ont pas manqué de faire aussi-tôt un nouveau personnage.* On n'est pas ignorant pour créer de nouveaux personnages, car le nouvel Editeur, qui est très-sçavant, en a créé beaucoup. Comment n'a-t-il pas reconnu l'identité de ses Articles ALBUTIUS, *Prince des Celtiberes*, & ALLUCIUS, & de plusieurs autres?

ALBIN (*Pierre*) *donna.... sa Chronique de Misnie.*

ALBINUS (*Pierre*) *publia une Chronique de Misnie.*

C'est le même, & s'il suffit de mettre *us* au bout d'un nom pour en faire un nouvel Article, on composera aisément de gros Dictionnaires.

ALBUCASA, *Médecin Arabe.*

ALBULBASIS, *sçavant Médecin Arabe.*

C'est le même. Je ne corrige pas les fautes de ces Articles; cela me conduiroit trop loin.

ALCMEON, *Philosophe de Crotone.... Plutarque en la vie de Solon*, *cite un Historien du même nom.* » Il n'est pas vrai, dit M. Bayle, » que Plutarque en la vie de Solon, cite un Historien du nom » d'Alcmeon: Voici les paroles » de Plutarque en la vie de Solon; elles serviront à montrer » comment les Copistes précipités » s'abyment dans les bévues les » plus grossiéres: Sur les Regis- » tres des Delphiens on trouve » que ce fut un Alcmeon, & non » pas Solon qui fut Capitaine des » Athéniens. Moreri fait très-souvent dire aux Auteurs des absurdités auxquelles ils n'ont jamais pensé. On lit au mot ADÉE: *C'est le nom d'un Athénien à qui l'on donna le surnom de Coq*, *parce qu'il avoit effectivement une crête à la tête*; *d'autres disent qu'il en portoit seulement une toute pareille à celle des coqs. Athenée*, *Liv. 6. ch.* 8. Il est rare que Moreri cite bien; il devoit citer Athenée, Liv. 12. ch. 15. Mais on y lit que le Poëte Héraclide faisant allusion au nom de coq que portoit Adée, il dit qu'il avoit été si bien battu par Chares qu'il n'avoit pas même sauvé sa crête. C'est une plaisante imagination que de croire qu'Adée avoit une véritable crête. Voyez l'Histoire de Philippe de Macédoine, par M. Olivier, tom. 2. p. 13.

ALESTRI (*Richard*) *Docteur en Théologie*, *mourut le 8 Janvier 1680.*

ALLESTRI (*Richard*) *Théologien*, *mourut le 28 Janvier 1680.*

C'est le même qui mourut le 28 Janvier. Il étoit plus aisé d'en reconnoître l'identité que d'ALEXANDRE *imposteur*, *qui se disoit fils de Persée*, & d'ANDRISCUS *qui se disoit fils de Persée.* Cet Imposteur s'apelloit encore Philippe, sujet d'un troisieme Article.

ALEXANDRE *qui porte le nom d'Aurele.* Moreri à la fin de cet Article, après avoir cité plusieurs Auteurs, ajoute : *Voyez aussi sur cet Empereur, Acolius, Septimius & Encolpius.* On ne pourra jamais trouver ces trois Auteurs, puisqu'il n'en reste rien. Moreri dit lui-même au mot ACOLE : *Nous avons perdu ses Ecrits.* Il est constant que nous avons aussi perdu ceux de Septimius & d'Encolpius.

ALLEN (*Thomas*) *Mathématicien.... une partie de sa Bibliotheque a été incorporée à celle de Cottoman.* Le dernier Editeur a copié le Supplément de 1735, de M. l'Abbé Goujet, où cette faute se trouve. On a lu *Bibliotheca Cottomana* au lieu de *Cottoniana*, & de la Bibliotheque du Chevalier Cotton, on a fait la Bibliotheque de Cottoman qui n'a jamais existé.

ALTMAN, *Moine d'Hautvilliers, fit à la priere de Theudoin son Evêque, la vie de Saint Memme.* Les Continuateurs de Moreri, copient Dupin qui a pris *Theudoinus præpositus Catalaunensis* pour un Evêque, & cela signifie Theudoin Prevôt de l'Eglise de Chalons sur Marne. C'est par une semblable erreur qu'on a mis dans le Moreri ALTMAN, *Evêque de Padoue.* On a trouvé *Altmannus Pataviensis Episcopus* ; mais par malheur cela signifie Altman, Evêque de Passau en Baviere.

AMAMA (*Sixtinus*)... *Le Pere Mersenne Minime, avoit réfuté sa Critique du Pentateuque, quant aux six premiers Livres de la Genese.* On a voulu dire apparemment, quant aux six premiers Chapitres de la Genese.

AMBROISE *le Camaldule. On a de lui un itinéraire apellé Hodoeporicon.* C'est comme si on disoit : on a de lui un itinéraire apellé Voyage.

AMELESAGORAS. *C'est le même que le Scholiaste d'Euripide sur la Cebetide cite sous le nom d'Aureleagoras.* Il falloit dire sur l'Alceste d'Euripide. La *Cebetide* est un mot forgé comme une infinité d'autres dans les dernieres éditions du Moreri. On lit dans l'édition de M. le Clerc, sur l'Alceste. Cela est juste.

AMIPSIAS. *On joua de lui à Athenes deux Comédies.* On en joua neuf. Voyez Fabricius Bibl. Gr. Liv. 2. ch. 22.

AMIRUTZES *de Trebisonde, Philosophe.*

AMYRUTA *ou Amyrutzes, Philosophe, natif de Trebizonde.*

C'est le même. Le premier Article est tiré de Dupin, le second de Bayle.

AMPHILOQUE (*Saint*) *Archevêque d'Icone. On lui attribue le Poëme à Seleucus, petit-fils de l'Empereur Trajan.* Cet Empereur n'a eu ni fils ni petit-fils, & il y avoit plus de deux cens cinquante ans qu'il étoit mort quand le Poëme à Seleucus a été composé. Si Moreri eut lu les notes sur ce Poëme, il eut vu que Seleucus y est apellé : *Filius Ducis militum aut Prætoris.* Il étoit neveu de Sainte Olympiade dont M. Baillet a donné la vie au 17 Décembre.

ANTIGONUS *de Caryste, Philosophe & Historien.... Diogene Laerce, cite un Traité des Tables dont il nomme l'Auteur Antigonus.* Il y a ici une bévue considérable. Antigonus a fait un Traité des plus beaux Tableaux, & non pas des *Tables.* Moreri a lu dans la Traduction latine de Diogene Laerce & dans Vossius : *De Tabulis*, & sans jetter les yeux sur le mot Grec, qui signifie clairement des Tableaux, il nous vient dire que Diogene Laerce cite *un Traité des Tables.* Ce Traité est d'Antigonus Sculpteur célébre dont Pline parle Liv. 34. chap. 8.

ANTINOUS, *originaire de Bithyne.... Nous avons trois Médailles de lui; Léonicus dans l'Histoire Variable, dit avoir vu à Venise une Médaille d'argent d'Antinous, &c.* Moreri traduit-il bien *Historia Varia* par *Histoire Variable?* Il ne connoît que trois Médailles d'Antinous; il y en a 30 dans M. Vaillant, &c.

ANTIPATER (*L. Cælius*) *Historien Latin.* On trouve à la fin de cet Article une citation singuliere. La voici: *Marthakius de Rom. rerum Scriptor.* Ce prétendu *Marthakius* est Martin Hanckius. Le premier qui l'a cité a mis en abregé, Mart. Hanckius. Les imprimeurs ont bâti là-dessus leur Marthakius & il y a plus de 60 ans que cette bévue se perpétue dans les différentes éditions du Moreri. On peut bien juger que les derniers Editeurs n'ont pas vérifié l'Article d'Antipater dans Marthakius Auteur imaginaire, ni même dans le Traité *de Romanarum rerum Scriptoribus* de Martin Hanckius.

ANTIPATER *de Bostre.... a composé une Réfutation de l'Apologie d'Eusebe pour Eugene.* Il falloit dire pour Origene.

ANTISTIUS, *Orateur.*
CAPELLA, *Orateur.*

C'est le même qui s'apelloit Antistius Capella.

APOLLODORE *d'Ephese, a écrit une Géographie.*
ARTEMIDORE *d'Ephese, fameux Géographe.*

C'est le même. Apollodore d'Ephese est une chimére. V. Fabricius Bib. Gr. L. 3. c. 27. Moreri a fort mal réussi sur les Apollodores.

ARCHDEKIN, *né dans le Comté de Kilkenni.*
ARSDEKIN, *natif de Kilkenni.*

C'est le même, malgré les contradictions qui se trouvent dans les deux Articles.

ARIGNOTE, *femme Savante. On ne sçait pas en quel tems elle a vécu, mais seulement qu'elle avoit écrit l'Histoire de Denys le Tyran.* 1°. On sçait en quel tems a vécu Arignote, puisqu'elle étoit fille de Pythagore & de Theano. 2°. Elle n'a pas écrit la vie de Denys le Tyran, puisqu'elle étoit morte avant qu'il vint au monde. Elle avoit écrit des Dionysiaques ou Vers en l'honneur de Bacchus; c'est ce que Vossius & Moreri ont pris pour la vie de Denys le Tyran: ils se sont trompés.

ARISTIDE *de Milet.... Un autre Sophiste d'Ariadne a laissé quelques Discours ou Oraisons qui sont imprimées.*
ARISTIDE, *célebre Orateur Payen.... né à Adriani Ville de Mysie.*

C'est le même. Moreri n'a pas reconnu le célebre *Ælius Aristide, né à Adriani*, dans son *Sophiste, né à Ariadne.* C'est sa faute, pourquoi traduit-il *Adrianensis* par Ariadne? les deux Articles sont mauvais. Moreri a encore multiplié, les ARISTENETES, les ARISTOBULES, les ARISTODEMES, &c.

ARISTOPHANE, *Athénien.... a écrit plus de 50 Comédies, il ne nous en reste plus que neuf.* Il en reste pourtant onze, mais le nouvel Editeur s'obstine à n'en reconnoître que neuf; il les compte, il en donne les Titres & il n'en trouve que neuf. *Les neuf Comédies qui nous restent d'Aristophane sont, dit-il, le Plutus, les Nuées, &c.* Comme il oublie la Lysistrata & les Fêtes de Ceres, il n'en trouve réellement que neuf. Ses Prédécesseurs ont été plus heureux, ils en ont vu onze. V. le Moreri de M. le Clerc & les Editions suivantes.

ARISTOPHON, *Poëte, Auteur d'une Comédie intitulée Philoctete*

(Philoctete) *selon Plutarque.* Il y a ici plus de fautes que de mots. 1°. Aristophon dont il est question, n'étoit point un Poëte mais un Peintre. 2°. Le Philoctete n'étoit pas une Comédie, mais un Tableau. 3°. Le Philoctete n'auroit pas été une Comédie, mais une Tragédie. 4°. Moreri cite Plutarque sans autre indication, c'est dans le Traité, *Comment il faut lire les Poëtes*, que Plutarque cite le Philoctete d'Aristophon & la Jocaste de Silanion. Silanion étoit un célebre Sculpteur qui fit la statue de Jocaste. V. Histoire de la Peinture tirée de Pline. Notes de Colomiés sur Giraldi: Fabricius Bib. Gr. Il y a eu un autre Aristophon Poëte Comique, qui vivoit vers le tems d'Alexandre le Grand. Il avoit fait huit Comédies dont Hertelius & Grotius ont recueilli quelques fragmens. Moreri a confondu le Peintre avec le Poëte.

ARSENE, *Moine Grec, dans le dix-septieme siecle.... On a de lui un Recueil d'Apophtegmes Grecs, & un Recueil de Scholies sur sept Tragédies d'Euripide.* Moreri a tout brouillé dans cet Article. Les Recueils d'Apopthegmes & de Scholies sur Euripide, ne sont pas d'Arsene, Moine Grec, mais d'Arsene, Archevêque de Malvasie dont Moreri a donné un Article. Les Editeurs citent *Bayle* sans l'avoir lu. V. aussi Oudin *de Script. Eccles.*

ARTABASTES, *Roi d'Arménie qui a écrit une Lettre à Sapor raportée par Saumaise dans ses Notes sur Trebellius Pollio.* 1°. Ce Roi d'Arménie s'apelloit Artavasde, & Moreri devoit le mettre au rang des autres Artavasdes dont il parle. 2°. Cet Artavasde étoit Artavasde V, fils d'Arsace II. 3°. La Lettre d'Artavasde à Sapor, est dans le Texte même de Trebellius Pollio. Il faut citer les Originaux & non pas les Notes.

ARZAEL, ARZCHAEL, ARZACHAEL, *Mathématicien Espagnol.*
AZAREHATES, *Mathématicien Arabe.*
C'est certainement le même. C'étoit un Mathématicien Arabe qui vivoit en Espagne. Il s'apelloit Arzahel ou Arzachel. Genebrard cité dans le deuxieme Article de Moreri l'apelle Azarchales. Les imprimeurs ont fait du *c* un *e* & de *l* un *t*, & les Editeurs de Moreri ont adopté cette bévue. V. Vossius de Scient. Math. c. 35. Bib. Gesneri, &c.

ASCLEPIADE, *Historien de l'Isle de Chypre, vivoit du tems que Pygmalion régnoit en Orient. Cet Historien marque que de son tems l'usage de manger de la viande n'étoit point en usage.* Moreri cite saint Jérôme & Vossius qui n'ont pas avancé une pareille absurdité. Ils disent d'après Porphyre qu'Evanthe & Asclepiade ont écrit qu'on ne mangeoit point encore de viande du tems de Pygmalion, mais ils ne disent pas qu'Asclepiade vivoit du tems de Pygmalion. Il est bien plus jeune.

ASTERIUS, *Rhéteur Arien.* Moreri cite: *S. Athanasius.... in Libris contrà Marcellum.* Ces Livres sont d'Eusebe de Césarée, & non pas de saint Athanase.

ATHENÉE, *Grammairien, natif de Naucratis.... On a encore l'abregé de tout son Ouvrage, mais on ne connoît point l'Auteur de cet Abregé; plusieurs croient que c'est un Hermolaus de Byzance.* » Moreri s'est voulu mêler, dit » M. Bayle, de parler de l'Abregé d'Athénée & s'est fort » trompé. Tout ce qu'il a dit d'Athenée & de deux autres personnes de ce nom est fort défectueux », cela est encore très-vrai aujourd'hui. On peut comparer les Articles ATHENÉES du Moreri avec le seul Article

Athenée du Diction. de Bayle. Moreri dit que *Natalis Comes a donné une Traduction latine d'Athenée qui est pitoyable* ; on peut bien dire aussi que Moreri a donné de pitoyables Articles des Athenées : j'ai averti plusieurs fois que par Moreri j'entens le Dictionnaire qui porte le nom de cet Auteur.

ATHENÉE, *Homme de qualité, loué par le Sophiste Ximere.* On trouve la même faute au mot ARCADIUS *Comte & Médecin, en l'honneur duquel le Sophiste Ximere fit une Harangue.* Ce Sophiste que Moreri apelle toujours Ximere s'apelloit pourtant Himerius. V. Photius cité par Moreri.

AUGÉE *d'Athenes, Poëte Grec..... Il est différent d'un autre Poëte Comique de ce nom cité par Etienne de Byzance, & ce dernier étoit de Tégée dans l'Isle de Crete.* Par malheur pour Moreri, Auge & non pas *Augée*, Poëte de Tegée, n'étoit pas un homme, mais une femme, & cette femme ne composoit point de Comedies, mais des Poësies Lyriques : *Auge melorum Poetria quæ Tegeatis fuit.* Giraldi T. 2. p. 305. Cette Auge est la même qu'Anyte dont Moreri a parlé sans la connoître.

AURELIUS VERUS...... *On voit par un passage de Lampridius qu'il avoit écrit la vie de l'Empereur Alexandre Severe.* On voit au contraire par ce passage, qu'il avoit écrit la vie de l'Empereur Trajan, & c'est ce que dit M. de Tillemont.

Vous ne devez point être supris, Monsieur, que j'aie cité un assez grand nombre d'Articles fautifs du Dictionnaire de Moreri. M. l'Abbé Ladvocat & Messieurs les Encyclopédistes l'ont copié. Voilà ma justification & en partie celle de ces Messieurs. Ils ont trop estimé le Moreri, parce qu'ils ne l'ont pas assez examiné. C'est la plus grande faute qu'on puisse leur reprocher ; elle est la source de presque toutes les autres. J'aurois pu assigner la cause de chacune en particulier, mais il eût fallu entrer dans des discussions incompatibles avec la brieveté que je me suis proposée. J'ai dit peu de chose ; j'aurois pris le parti de ne rien dire sur les erreurs de mes compatriotes si j'étois le seul dans la République des Lettres qui eût des yeux ; mais quand tous les François garderoient le silence, les Etrangers le garderoient-ils ? Personne n'ignore ce que dit M. Bayle dans sa deux cens vingt-unieme Lettre de l'Edition in-12 & trois cens onzieme de l'édition de ses Œuvres in-fol. ,, Les Humanistes de Hollande & des autres pays étrangers affectent beaucoup de faire passer les François pour des Mazettes dans la Littérature & dans la Critique, & ils croient le prouver en trouvant beaucoup de fautes & d'ignorance dans la plûpart des Commentaires, *in Usum Delphini.* Voilà un jugement très-mal fondé & très-faux. Les Scaligers, les Saumaises, les Murets, les Turnebes, les Pithous, les Bocharts, les Sirmonds, les Petaus, les Hardouins, les Mabillons, les Coteliers, les Launois, cent autres que je pourrois nommer & Bayle lui-même étoient François. Les meilleurs Dictionnaires en tout genre ont été composés par des François ; par Robert & Henri-Etienne, du Cange, Furetiere, Corneille, la Martiniere, Bayle, Moreri, malgré ses défauts, &c. Les Journaux Littéraires ont été commencés & perfectionnés par des François ; en un mot les François ont excellé dans toutes les parties de la Littérature & de la Critique. Les Commentaires à l'usage de M. le Dauphin ne sont à la vérité ni d'une même force ni d'un mérite égal, mais plusieurs ont été universellement aprouvés, & tous ont été réimprimés en Angleterre. M. Bayle assure dans ses Nouv. de la Rép. des Lett. Mai 1684 que „ la plûpart de ceux qui ont compilé les *Variorum* n'ont „ pas bien réussi, parce que le jugement n'a point régné „ dans leur triage, & que de plusieurs bons Commentaires „ ils en ont fait souvent un médiocre. " Schrevelius a compilé un assez grand nombre de *Variorum*. Ce sont les plus mauvais de tous. Ce Compilateur, selon M. Bayle, „ n'a ni jugement ni goût, il donne le pire bien souvent „ & laisse le meilleur dans sa source. " Quoique les *Variorum*, qui valent infiniment moins que les *Dauphins*, aient été donnés en Hollande, on ne doit pas conclure que les Hollandois sont *des Mazettes dans la Littérature & dans la Critique*. Il ne faut jamais juger de la science d'une nation par les foibles productions de quelques-uns de ses Ecrivains, mais par le grand nombre d'excellens Ouvrages qu'elle a produits. Il seroit seulement à souhaiter que les Savans de chaque pays s'apliquassent à corriger & perfectionner les productions de leurs compatriotes. Corrigez, Doctes François, perfectionnez le Moreri, l'Encyclopédie, &c. Faites disparoître les fautes qui s'y trouvent afin que vos voisins n'en prennent pas droit de vous accuser d'être de minces Littérateurs & de foibles Critiques. N'exercez votre censure que sur les Auteurs les plus habiles. Ce sont les fautes des Grands Hommes qu'il faut relever, parce qu'elles sont d'une plus dangereuse conséquence que celles des Ecrivains médiocres. Plus un nom est illustre dans la Littérature, plus il est à craindre qu'il n'entraîne dans l'erreur ceux qui voudront l'imiter. Les vrais Savans aiment la vérité. Quiconque la leur montre, est assuré de leur reconnoissance. Ils sont persuadés que plus ils sçavent, plus il leur reste à sçavoir. Ils n'ignorent point qu'ils sont hommes & par conséquent sujets à se tromper. Comme ils n'ont en vue que l'utilité publique, c'est leur faire plaisir que de leur fournir les moyens de perfectionner leurs ouvrages. Il n'en est pas ainsi des petits esprits, des Ecrivains subalternes. Il n'y a point de gens plus sensibles à la Critique & qui en profitent moins. Avec beaucoup d'ignorance sur très-peu de science on est toujours opiniâtre ; vous ne les forcerez jamais à avouer les fautes les plus palpables. Ils ne s'imaginent pas qu'aucun mortel puisse les éclairer. ,, Sur de tels Écrivains, ,, le mieux, selon M. Pope, est de se taire ; ils ne consul-,, tent, ils n'écoutent que le plus grand de tous les flatteurs, ,, l'amour-propre qui est plus habile que le plus habile hom-,, me du monde :

,, Des aveugles humains, éternel séducteur,
,, L'orgueil, ce consolant, mais dangereux flatteur,
,, Est des petits esprits le vice inséparable.
,, Inégale en ses dons, la Nature équitable
,, Pour faire à peu de frais tous les hommes contens
,, Leur donne en vanité ce qu'elle ôte en talens.

Voyez Pope Essai sur la Critique trad. par M. du Resnel ; & les Réflexions Morales de M. de la Rochefoucaud.

Je suis très-sincérement,

MONSIEUR,

Votre très-humble & très-obéissant serviteur ****.

A Douay ce 2 Mai 1762.

TABLE

DU CONTENU DANS LA LETTRE SUR LE DICTIONNAIRE DE M. L'ABBÉ LADVOCAT.

TABLE DU CONTENU DANS LA LETTRE SUR L'ENCYCLOPÉDIE.

FIN.

ERRATA.

Page 83. col. 1. ligne 35. *Antigoca*, lisez *Antigoea*.
Page 105. col. 1. ligne 26. Aetes, lisez Aeetés.

www.ingramcontent.com/pod-product-compliance
Ingram Content Group UK Ltd.
Pitfield, Milton Keynes, MK11 3LW, UK
UKHW020328180726
13839UKWH00002B/582

9 782329 602547